설득

어떻게 사람을 움직일 것인가!

우석봉 지음

 설득은 상대의 신념, 태도 그리고 행동에 영향을 미쳐서 원하는 목적을 달성하고자 하는 의도된 커뮤니케이션 노력이다. 설득의 대상은 매우 다양하다. 특정의 개인일 수도, 다수로 구성된 단체나 집단일 수 있다. 또는 영리를 추구하는 기업이나 영리 추구와는 거리가 있는 비영리 집단, 심지어 정치인이나 정당이 소비자나 후원자 그리고 유권자를 대상으로 설득 노력을 기울인다. 대인 간 구두상의 대화나 문자, 다수를 대상으로 하는 연설, 프레젠테이션 그리고 기업이 수행하는 다양한 형태의 광고나 마케팅 커뮤니케이션, 사회관계망 미디어 콘텐츠에 이르기까지 설득의 도구 또한 다양하다. 개인이건 집단 또는 조직이건 자신의 목표를 달성하려면 설득은 반드시 거쳐야만 하는 필수 과정이다.

설득의 기원은 극단적 상대주의자로도 알려진 고대 희랍의 소피스트들이 자신의 주장을 어떻게 상대가 받아들이게 할 것인가에 대해 비교적 체계적으로 고민했던 시대까지 거슬러 올라간다. 그만큼 설득은 오래전부터 인간사에서 중요한 역할을 담당해왔다. 설득은 우리의 일상에 만연하기 때문에 아침에 일어나서 잠자리에 들기까지 우리의 생활은 설득에서 시작하여 설득으로 끝난다 해도 과언이 아니다. 어떻게 하면 자신이 원하는 방향으로 상대를 변화시킬 수 있을까? 좀 더 효율적으로 상대를 변화시킬 수는 없을까?

설득 현상에 대해 여러 분야의 학자들은 그동안 많은 것들을 밝혔다. 설득의 원리에 관한 논문이나 서적도 적지 않다. 하지만 정작 설득효과를 절실하게 필요로 하는 대부분의 사람은 학문적 목적보다는 일상의 실용적 목표를 달성하고자 하는 사람들이다. 학문의 핵심은 개념에 있다. 학문을 수행하는 사람들에게 있어서 무엇보다 중요한 것은 이론이다. 하지만 학자가 아닌 일반인들에게는 이론 그 자체가 그다지 중요하지는 않다. 설득은 어떤 원리에 의해 작동하며 어떻게 하면 설득 효과를 얻을 수 있는지에 더 관심이 많다. 그렇다 보니, 일반인의 경우에 설득에 관한 서적을 읽다 보면 현상을 이해하기보다는 난해한 이론에 매몰되기 일쑤이다.

필자 역시 심리학자로서 오랫동안 교단에서 학생들에게 설득심리학을 강의해 왔다. 하지만 이론의 전달을 넘어서 좀 더 효과적인 전달방법이 필요하다는 것을 느꼈다. 이러한 필요성은 현장에서 20년간 실질적인 설득효과를 다룬 광고인으로서의 경험도 배경이 되었으리라 생각한다.

이 책은 설득의 기법이나 전술을 나열하는 실용서는 아니다. 이 책의 목적은 '설득의 심리학적인 기본 원리와 기제'를 제공하는데 있다. 심리학에 대한 사전지식이 없더라도 이해하는데 큰 어려움이 없게 구성하려고 최대한 노력하였다. 구체적인 정보를 원하는 독자를 위해 참고문헌은 찾기 쉽도록 각주에 제시하였다. 더 깊은 이해를 원하는 독자가 있기에 참고문헌은 최대한 상세하게 인용하였다. 설득의 기본 원리를 터득한다면 기법들의 운용도 용이하리라 생각한다.

서두에서 말한 것과 같이 설득과 관련된 이론은 매우 방대하다. 모든 것을 다루기에는 저자의 지식에도 한계가 있지만 이 책의 목적을 넘어서는 것이기도 하다. 이 점에 대해서는 독자의 해량을 구한다. 끝으로 이 책의 발간을 아낌없이 지원해주신 학지사 김진환 사장님께 감사드린다. 그리고 더 없이 멋진 한 권의 작품으로 탄생시켜주신 민신태 실장님께 고마움의 마음을 전한다.

2020년 6월
지은이 우석봉

1 설득의 이해

2 설득과 인간특성

9 부조화와 설득

10 다수의 힘과 설득

1

설득의
이해

설득이라는 말을 들으면 누군가를 그 사람의 의지와 상관없이 조작한다는 부정적인 느낌이 들기도 하고 현대를 살아가면서 자신의 목표를 달성하기 위해서 반드시 필요한 것이라는 생각이 들기도 한다. 어떤 느낌이나 생각을 가지건 간에 우리의 일상은 매일 누군가를 설득하거나 또는 누군가의 설득대상이 된다는 사실을 부정할 수는 없다. 설득이란 무엇이며, 어떤 원리로 작동하는지에 관심을 가지지 않을 수 없다. 설득은 현대 생존에서 필수적이다.

태도와 설득

태도와 설득은 따로 떼어 생각할 수 없는 개념이다. 1930년과 1940년대를 거치면서 심리학자들에 의해 태도연구가 활성화되면서 현대적 의미의 설득이라는 개념이 자리 잡았다. 미국이 2차 세계대전에 참전하면서 심리학자의 역할이 크게 증가하였다. 당시 예일대학교의 심리학자인 호블랜드(Carl Hovland)가 이끄는 연구팀이 선전(propaganda)이 태도변화와 군의 사기에 미치는 영향을 규명하기 위한 연구를 시작하면

서 태도와 설득 연구가 본격화되었다.[1]

　설득이란 강압적이지 않은 자유로운 상태에서 의사 전달자가 메시지 전달을 통해 특정의 설득 이슈에 대해 설득대상의 태도나 행동을 변화하도록 시도하는 상징적인 과정으로 정의한다.[2] '상징'이란 설득을 위해 사용하는 그림, 문자 그리고 소리 등 모든 형태의 부호나 기호로서 설득 메시지에는 다양한 형태의 상징기호가 포함된다. 정의에서 알 수 있듯이 설득 효과를 매개하는 핵심적인 요인은 바로 태도(attitude)이다.

　"너는 일하는 태도가 왜 그 모양이냐." 와 같은 말을 일상에서 자주 사용한다. 골턴(Galton, F.)과 같은 과거 심리학자들은 태도를 주변 환경에 반응하기 위한 신체적인 준비상태 즉 신체자세를 일컫는 것으로 정의하였다. 또는 다윈(Darwin)의 진화론적 관점을 토대로 화난 표정과 같이 어떤 대상에 대한 감정표현 행동을 지칭하기 위해 사용되었다. 하지만 현대 심리학에서는 태도를 신체적 지향행동보다는 정신적인 평가 상태로 정의한다.

　태도란 어떤 대상에 대해 개인이 가지는 지식이나 믿음, 느

---

1) 태도와 설득연구의 발전에는 예일 학파, 스탠포드 학파, 일리노이 학파 그리고 오하이오 학파 등 각기 다른 관점에서 연구한 수많은 학자들의 이론이 기여하였다. 태도와 설득연구에 대한 역사적인 개관을 보려면 Briñol, P., & Petty, R. E. (2012). The history of attitudes and persuasion research. In A. Kruglanski & W. Stroebe (Eds.), Handbook of the history of social psychology (pp. 285-320). New York: Psychology Press. 을 참고하기 바란다.

2) Perloff, R. M. (2003). The dynamics of persuasion: Communication and attitudes in the 21st century. New Jersey: Lawrence Erlbaum Associates, Inc.

껌 그리고 행동의도 세 가지 요소로 구성되는 것으로 비교적
지속적으로 유지되는 경향이 있다.[3] 태도에 대한 이러한 관
점을 'ABC 모형'이라고 한다. A는 감정요소(affective), B는 행
동요소(behavioral) 그리고 C는 지식이나 신념과 같은 인지요
소(cognitive)이다. 어떤 대상에 대한 개인의 태도는 인지, 정
서, 행동의 세 가지 요소로 구성되는 것이다. "나는 암벽등반
이 위험한 스포츠라고 믿는다. 또는 위험한 스포츠라고 안
다." 는 것은 인지요소이다. "나는 암벽등반을 무서워한다."
이것은 감정요소이다. 그리고 "누군가 권유해도 나는 암벽등
반을 하지 않을 것이다." 는 것은 행동요소, 정확히는 행동의
도 요소이다. 이 세 가지로 암벽등반에 대한 개인의 태도가
어떠하다고 기술한다.

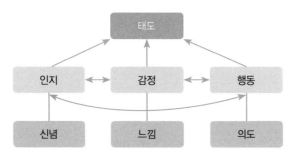

[그림 1-1] 태도 3요소 모형

3) Hogg, M., & Vaughan, G. (2005). Social Psychology (4th edition). London:
   Prentice-Hall.

한편, 태도의 일원 모형[4]은 태도를 어떤 대상에 대한 평가
감정으로 본다. 어떤 대상에 대해 개인이 가지는 '좋다', '싫
다' 또는 '긍정적이다', '부정적이다'의 감정이 동반되는 평가
이다. 이 경우에 인지는 태도의 형성이나 변화에 선행하는 요
소이다. 대상에 대한 지식이나 신념을 토대로 태도가 형성되
거나 변화한다. 그리고 태도는 행동요소인 행동에 영향을 미
친다. 인지 → 태도 → 행동으로 연결되며 태도는 행동에 영
향을 미치는 요소이다. 태도를 복합적인 구조로 보는 견해가
많았으나, 태도를 평가감정의 단일차원으로서 행동에 영향을
미치는 선행요인으로 보는 경향이 우세하다.[5]

태도변화에 대한 다른 한 가지 이론은 '기능적 접근'에 기반
을 두는 '태도의 기능이론' 이다. '기능(function)'이라는 개념
은 유기체와 환경 그리고 환경에 대한 대응이라는 측면에서
이해하면 된다. 태도의 기능이론 역시 태도를 개인이 외부환
경에 대처하는 것을 매개하는 역할을 하는 것으로 본다. 태도

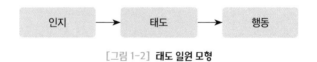

[그림 1-2] **태도 일원 모형**

---

4) Eagly, A. H., & Chaiken, S. (1993). The psychology of attitudes. Harcourt Brace
   Jovanovich College Publishers.
5) Ajzen, I. (2001). Nature and operation of attitudes. Annual Review of
   Psychology. 52: 27-58.

는 개인이 환경에 적응하여 생존하는데 필수적인 내적상태
이다. 이 이론의 다른 한 가지 특징은 개인의 자기(self)와 관
련한 태도가 다른 태도에 비해 더욱 강력하며 중요하다고 가
정한다.

자기와 관련하여 태도는 네 가지 기능을 한다. 태도변화를
이끌어내려면 네 가지 기능에 작용해야 한다.[6] 각 기능은 다
음과 같다.

◎ 개인 정체(identity)를 드러낸다. 태도는 개인 정체의 일
   부이다. 어떤 대상에 대해 개인의 태도를 표현함으로써
   자신의 정체를 확인하고 표현한다. 백팩이나 차량에 부
   착한 스티커를 보고 우리는 그 사람의 정체에 대해 추론
   한다. 또는 가입한 단체나 정당을 통해 역시 그 사람의
   정체를 알 수 있다. 개인의 정체를 긍정적으로 발산할
   수 있는 대상에 대해서는 긍정적인 태도를, 그렇지 않은
   대상에 대해서는 부정적인 태도를 가진다.

◎ 자기를 방어하고 행동을 정당화한다. 태도는 개인의 자
   존(self-esteem)을 보호하고 자신의 행동을 정당화하는
   기능을 한다. 가입한 동아리에서 자신의 의견이 번번

---

6) Eagly, Alice H., & Chaiken, S. (1998). Attitude structure and function. In Handbook of Social Psychology, ed. D.T. Gilbert, Susan T. Fiske, and G. Lindzey. New York: McGraw-Hill.

이 무시당한다면 가입한 동아리나 또는 동아리라는 존재 자체에 대해 부정적인 태도를 가짐으로써 자존을 방어한다. 자신의 의견이 너무 독창적이어서 사람들이 수용하지 못한다고 정당화함으로써 자존을 보호하기도 한다. 자기에 대해 긍정적인 이미지를 가지는 것 또한 자존의 보호 역할을 한다.

◎ 사회적 수용을 촉진한다. 사람들은 자신과 유사한 태도를 공유하는 개인을 받아들이는 경향이 있다. 어떤 이슈나 대상에 대해 사회적으로 바람직한 태도를 가짐으로써 또는 다수가 거부하는 대상에 대해서는 부정적인 태도를 가짐으로써 집단이나 또래로부터 배척당하지 않게 된다.

◎ 예측가능성과 안정감을 제공한다. 우리는 세상이 안정적이며 예측가능하기를 바란다. 어떤 일이 발생했을 때 예측가능하다면 통제가 가능하고 심리적 안정감을 갖게 된다. 어떤 이슈나 대상에 대해 타인의 태도를 안다면 그 사람이 어떻게 행동할지 예측 가능하다. 예컨대, 고정관념은 세상을 이해하고 예측 가능하며 안정된 것으로 인식하는데 크게 기여한다. 우리가 어떤 대상에 대해 가지는 고정관념은 태도의 기능과 관련이 있다.

이들 네 가지 태도 기능의 공통점은 태도를 동기 기반의 심

적 상태로 간주한다는 것이다. 동기(motivation)란 개인을 특
정한 방향과 강도(strength)로 지속적으로 움직이게 하는 힘이
다. 자기의 욕구를 충족하고 강화하는 대상에는 긍정적인 태
도를 견지하고 자기에게 위험하거나 위협을 가하는 것에는
부정적인 태도를 가진다. 누군가를 설득하려 한다면 설득대
상이 가장 중요시하는 기능이 무엇인지 파악하고 그 기능에
호소해야 한다. 설득 메시지는 이 기능에 초점을 두고 설계되
어야 한다.

태도와 행동

　설득에서 태도가 핵심적인 개념인 것은 태도가 행동에 미
치는 영향 때문이다. 설득의 목표가 언제나 특정 행동을 하게
하는 것만은 아니다. 많은 경우 태도변화가 설득의 목표이다.
왜 그럴까? 태도의 변화는 행동변화로 연결되기 때문이다. 어
떤 대상에 대한 태도를 안다면 특정 행동을 예측할 수 있다.
우리는 '좋아하는' 제품을 구입한다. '좋아하는' 후보에게 투표
한다. '싫어하는' 대상은 회피한다. 태도는 어떤 행동을 할 것
인지 아닌지에 영향을 미친다. '좋다' 또는 '싫다'의 정도로 태
도의 세기가 정해진다. 만약 태도의 세기가 강하면 강할수록
접근과 회피 행동의 예측은 더욱 정확하다. 이것을 '태도와 행
동의 일관성 원리'라 한다.

물론 태도와 행동이 언제나 일관되는 것은 아니다. 사회적
인 규범이나 체면 또는 눈치 때문에 비일관성이 나타나기도
한다. 그렇다 하더라도 태도와 행동의 관계에 영향을 미치는
요인을 알고 이들의 효과를 통제할 수 있다면 태도와 행동의
일관성은 예측 가능하다.[7] 그리고 모든 행동에 태도가 선행
되는 것도 아니다. 특별한 평가감정이 없더라도 행동은 일어
날 수 있다. 새로운 음식료품이 매장에 있으면 우리는 별다른
느낌 없이 구입하기도 한다. 구입 후에 만족스러우면 그때서
야 그 제품에 대한 평가감정이 형성된다. 하지만 이후 구입에
서는 태도가 영향을 미칠 수밖에 없다. 이때는 태도의 영향권
에 들게 된다.

   태도와 행동 간의 관계를 밝히기 위해 1990년부터 2006년
에 걸쳐 수행된 메타분석(meta-analysis)[8] 연구를 살펴보자.
1990년과 1995년 두 차례에 걸쳐 '크라우스(Stephen Kraus)'는
태도와 행동 간의 관계를 다룬 실증연구들을 메타 분석[9]한 결

───────────

7) Glanz, Karen, & Viswanath, K. (2015). Theory of reasoned action, theory of
   planned behavior, and the integrated behavioral model. theory, research, and
   practice. Glanz, Karen,, Rimer, Barbara K., Viswanath, K. (Kasisomayajula) (Fifth
   ed.). San Francisco, CA.
8) 기존 문헌을 분석하는 정량적인 접근으로 관심분야의 실증연구 결과들을 수집한
   후 통계절차를 거쳐 효과크기의 평균과 신뢰구간을 구하고 수집한 효과크기가 동
   질적인지 이질적인지 그 여부를 이질성 검정을 통해 분석한다.
9) ① Kraus, S. (1990). Attitudes and the prediction of behavior: A Meta-analysis.
   Paper presented at the annual convention of the American Psychological
   Association, Boston, MA.. ② Kraus, S. (1995). Attitudes and the prediction of
   behavior: A Meta-Analysis of the empirical literature. Personality and Social
   Psychology Bulletin 21(1):58-75.

과, 태도와 행동 간에는 통계적으로 유의한 관계가 있음을 보
고하였다. 2005년 왈라스(Wallace)와 동료들의 메타 분석[10]에
서도 태도와 행동 간의 상관은 유의하며, 2006년 두 명의 연
구자가 수행한 메타 분석[11]에서도 태도와 행동 간의 관련성
은 통계적으로 유의함을 보고하였다.

설득의 두 가지 모형

태도변화를 통한 설득과정에 대한 두 가지 대표적인 '이중
과정모형(dual process model)'이 있다. 한 가지는 '정교화 가능
성모형(Elaboration Likelihood Model)'이며[12] 다른 한 가지 이중
과정모형은 '어림법, 체계적 모형(heuristic-systematic model)'
[13] 이다. 이 두 모형에 의하면, 상이한 두 가지 과정을 통한 정

10) Wallace, D. S., R. M. Paulson, C. G. Lord, & C. F. Bond. (2005). Which
    behaviors do attitudes predict? Meta-analyzing the effects of social pressure and
    perceived difficulty. Review of General Psychology 9(3), 214-227.

11) Glassman, L. R., & D. Albarracin. (2006). Forming attitudes that predict future
    behavior: A Meta-analysis of the attitude-behavior relation. Psychological
    Bulletin 132(5), 778-822.

12) Petty, Richard E., & Cacioppo, John T. (1986). The elaboration likelihood
    model of persuasion. Advances in Experimental Social Psychology. London,
    England: Elsevier.

13) Chen, S., & Chaiken, S. (1999). The heuristic-systematic model in its broader
    context. In S. Chaiken & Y. Trope (Eds.), Dual-process theories in social
    psychology. New York: Guilford Press.

보처리에 의해 태도변화가 이루어진다. 두 모형에는 공통점이 있다. 한 가지 과정은 설득이 정신적인 에너지 투입이 많고 정교한 정보처리의 결과로 일어나며, 다른 한 가지 과정은 어림법이나 직관과 같이 에너지 소모가 많지 않고 덜 분석적이며 자동적인 방법으로 태도변화가 일어난다고 본다.

정교화 가능성모형의 이중과정에 의한 태도변화와 설득은 이 책의 7장에서, 그리고 어림법과 직관적 과정에 의한 태도변화와 설득효과는 8장에서 자세히 다룬다. 2장에서도 언급하였지만, 설득현상의 많은 부분은 분석적이며 체계적이고 상당한 정신 에너지가 요구되기보다는 어림법과 직관적이고 자동적이며 가능한 정신 에너지를 절약하는 방식에 의존한다. 설득을 이해하고 설득효과를 거두려면 이러한 과정을 구체적으로 이해해야 한다.

설득의 과정

마지막으로 설득의 일반적인 과정을 살펴보자. 우리는 다양한 방식으로 정보를 처리하여 태도를 형성하거나 태도를 변화하고 행동하지만 설득이 진행되는 과정은 별반 다르지 않다. 다만, 설득은 '과정'이라는 것과 항상 목표지향적이라는 점을 염두에 두자.

◎ 첫째, 설득은 목표의 설정에서 출발한다. 자신에 대해 어떤 결정을 하는 것은 설득에 포함하지 않는다. 설득은 반드시 '누군가'를 대상으로 '어떤 목표'를 성취하려는 것이다. 누군가가 무엇을 해주기를 원하는지가 목표이다. '유권자가 다른 후보가 아닌 나에게 투표하기를 원한다.'거나 '상대가 나의 제안을 거절하지 않기를 원한다.'와 같은 형태가 목표이다. 단, 목표는 실현가능한 것이어야 한다. '주위의 모든 사람들이 내일부터 서로를 아낌없이 사랑하게 한다.'거나 '친구가 나에게 거금을 공짜로 주도록 한다.' 와 같은 것은 설득의 목표로 적절하지 않다.

◎ 둘째, 설득의 대상을 정한다. 설득대상은 구체적이며 명확해야 한다. 그리고 설득대상을 잘 이해해야 한다. 설득목표를 성취하는데 도움을 주는 사람이 누구인지를 검토하는 것도 중요하다. 설득 메시지가 도달할 수 있어야 한다는 것도 설득대상의 중요한 요건 중 하나이다.

◎ 셋째, 메시지를 구성한다. 설득은 상징과정이고 다양한 방식으로 일어난다는 점을 명심해야 한다. 설득대상은 나의 메시지에 관심이 있는가, 지식은 어느 정도이며, 설득대상에게 가장 적합한 메시지의 형태는 무엇인지 그리고 메시지는 어떤 방식으로 제공되어야 하는지 등에 대한 검토도 필요하다.

◎ 넷째, 메시지를 전달한다. 설득 메시지는 다양한 도구 또는 미디어를 통해 전달 가능하다. 현대와 같이 수많은 미디어가 존재할 때는 무엇을 통해 메시지를 전달하는지가 매우 중요하다. 메시지 전달효과를 높이려면 전달 수단의 특징을 알아야 한다.

핵심과 적용

- 설득의 범위는 특정 대상 또는 이슈에 대한 태도의 형성, 태도의 변화 그리고 행동의 변화에 이른다는 것을 염두에 두자.

- 설득을 시도하고자 한다면 설득대상을 명확히 규정하고 설득의 범위에서 무엇을 목표로 할 것인지 구체화하자.

- 태도의 변화는 그 자체로 끝나는 것이 아니라 행동의 변화로 연결된다는 점을 염두에 두고 설득 목표를 설정하자.

- 태도변화의 세기는 설득대상의 '무엇'을 자극하는지에 따라 영향을 받는다. 이와 관련해서는 '태도의 기능이론'을 참고하자. 설득대상의 자기(self)와 관련될수록 설득효과는 높아진다.

- 설득은 두 가지 정신과정에 의해 이루어진다는 것을 염두에 두자. 설득은 언제나 주의와 정신 에너지가 많이 투입되어야 일어나는 것은 아님을 고려하자.

- 설득대상이 설득 메시지를 어떤 정신과정으로 처리할 가능성이 높은지를 고려하여 설득전략을 설계해야 한다. 이에 대한 세부 전략은 이 책 전반을 통해 알게 될 것이다.

2

설득과
인간특성

이 책에서는 여덟 개 영역에 걸쳐 설득의 심리학적 원리와 기제를 다룬다. 각 각의 원리는 공통적인 인간 특성을 전제로 한다는 것을 알게 될 것이다. 설득의 심리학적 원리를 좀 더 수월하게 이해하려면 설득과 관련되는 인간의 기본적인 특성에 대해 알고 있으면 도움이 된다.

적응적 사고체계

인간의 뇌가 체중에서 차지하는 비율은 약 2% 정도에 지나지 않지만 신체가 사용하는 전체 에너지 중에서 뇌가 소모하는 에너지는 대략 20%~30%에 해당한다.[1] 이는 모든 동물 중에서 가장 많은 뇌의 에너지 소모량이다. 인간은 직립보행을 하기 때문에 심장에서 신체의 꼭대기에 있는 뇌로 피를 공급하려면 더 많은 에너지가 필요하며 지적인 활동을 위해 신경세포가 필요로 하는 전기적 에너지 역시 많기 때문이다. 만약

1) Marcus E. Raichle, & Debra A. Gusnard (2002). Appraising the brain's energy budget. Proceedings of the National Academy of the Science of the United States of America. 99(16), 10237-10239.

우리의 뇌가 적당량의 에너지를 공급받지 못한다면 생존에도 치명적인 문제가 발생하기 때문에 우리의 뇌는 가능한 에너지를 절약하는 방식으로 적응해 왔다.

의식적 노력에는 많은 에너지가 필요하다. 하지만 우리가 일상에서 직면하는 크고 작은 문제해결 장면에서 상당부분은 적은 에너지에 의존하는 무의식적인 정신과정이 개입한다.[2] 예컨대, 고정관념을 예로 들 수 있다. 직업, 출신 지역, 그리고 외모나 인종 등에 대해 특정한 관점에서 바라보는 경향이 있다. 고정관념은 사회적인 실체에만 해당되지는 않는다. 브랜드와 같은 상업적인 상품이나 서비스 심지어는 침대나 냉장고와 같은 물건에 대해서도 고정관념을 가진다. 우리는 왜 고정관념이라는 것을 가지는 것일까? 고정관념이 항상 정확한 판단으로 우리를 이끄는가? 분명 그렇지는 않다. 고정관념 때문에 설득에 실패하거나 그 반대로 덕을 보는 경우도 있다. 그럼에도 고정관념은 우리의 뇌가 정보를 처리하는 데 과도하게 에너지를 소모하지 않고도 신속하게 대상을 판단하게 도움을 주는 장치이기 때문에 끈질기게 유지되고 영향을 미친다.

서구에서는 전통적으로 인간을 합리적인 존재로 규정했다. 인간이 합리적이라는 가정은 서구에서는 학문 전반에 걸

---

2) Cosmides, L., & Tooby, J. (1997). Evolutionary psychology: A Primer. Center for Evolutionary Psychology.

처 암묵적으로 받아들여졌다. 하지만 그동안 이루어진 연구에 의하면 우리는 그다지 합리적이지 않으며 다만 합리적이기 위해 노력하는 존재라는 것이 입증되고 있다.

판단과 의사결정에서 인간의 비합리성을 처음 제시한 사람은 1978년에 노벨 경제학상을 수상한 심리학자이자 경제학자인 사이먼(Herbert A. Simon)이다. 그는 합리적인 선택을 할 수 있는 조건이 아닐 때 인간이 어떻게 결정에 도달하는지를 체계적으로 규명하였다.[3] 인간은 어떤 확정된 범주의 합리성에 기초하여 행동한다는 '만족인(satisficing)'이라는 의사결정 모형을 소개하였다. 모형에 의하면 인간은 능력상의 한계로 인해 수용역치에 도달할 때까지 가능한 대안들을 순차적으로 탐색해가는 의사결정 전략을 사용한다. 최상의 대안보다는 만족스러운 대안을 선택하는 선에서 의사결정을 한다는 것이다. 인간은 제한된 합리적 존재일 뿐이다.

1970년대에 이르러 사이먼의 제한된 합리성은 카너먼과 트버스키에 의해 판단과 의사결정에서 발생하는 다양한 정보처리의 편향이론으로 발전했다. 2002년 노벨 경제학상을 수상한 심리학자인 '대니얼 카너먼(Daniel Kahneman)'[4]은 인간의

---

3) Simon, Herbert A. (1989). The scientist as problem solver. Fort Belvoir, VA.

4) 대니얼 카너먼(1934년~)은 심리학자이자 경제학자이다. 학문적인 업적은 판단과 의사결정분야의 심리학, 행동경제학이다. 아모스 트버스키(Anos Tversky)와 다른 학자들과 함께 보편적 인적 오류 요인에 대한 연구 토대를 구축하여 전망이론(Prospect Theory)을 정립했다. 전망이론의 성과로 2002년 노벨 경제학상을 수상하였다.

사고체계를 두 가지로 구분한다. 이를 '시스템 I 사고'와 '시스템 II 사고'로 명명했다. 대니얼 카너먼은 '시스템 I 사고'가 우리의 일상 판단과 추론에서 얼마나 큰 영향을 미치는지를 체계적으로 밝힌 공로로 노벨 경제학상을 수상하였다.

'시스템 II 사고'는 의식적이고 논리적이며 천천히 그리고 계산적이며 많은 정신노력을 요하는 사고이다. 군중 속에 있는 친구를 찾는다거나 수리적인 계산을 한다거나 또는 한 문장에서 모음이 몇 개인지 확인하는 작업 등과 같은 정신활동이 시스템 II 사고에 해당한다. 한편, '시스템 I 사고'는 빠르고 자동적이며 무의식적이다. 우리가 어떤 판단을 할 때 자동적으로 촉발되며 축적된 학습 원리에 의해 직관적으로 작동한다. '시스템 I 사고'는 우리가 흔히 합리적, 논리적 사고라 부르는 것과는 구별된다.

〈표 2-1〉 두 가지 사고 시스템의 비교

시스템 I 사고	시스템 II 사고
직관적	논리적
자동적	의식통제
연상 작용	규칙 작용
정서동반	정서중립

시스템 I 사고는 특정 상황에서 정보처리를 위해 투입할 수 있는 정신적인 자원의 한계로 인해 생존에 중요한 것에는 에너지를 투입하고, 그렇지 않은 것은 무시하는 '적응적인' 진

화의 결과로 발전하였다.[5] 생존이 달린 긴박한 상황에서 모
든 정보를 논리적으로 분석하여 판단하고 살아남기란 어렵
다. 우리의 정보처리체계는 생존가능성을 극대화하는 쪽으
로 프로그램된 것이다. 인간의 비합리적 성향은 가능한 정신
자원을 절약하려는 '인색한 존재(cognitive miser)'와 무관하지
않다. 앞으로 이 책 전반에서 살펴보게 될 설득의 원리에서는
정신적인 에너지를 가능한 절약하려는 생존 적응방략이 설득
에 얼마나 광범위한 영향을 미치는지 알게 될 것이다.

심리적인 균형 추구

생리적으로 균형을 유지하는 것은 생존에 필수적이다. 갈
증이 나면 수분을 보충해야 하고 허기가 지면 뭔가를 먹어야
한다. 생리적인 불균형은 인간을 특정한 방향으로 움직이게
만드는 강력한 힘으로 작용한다.[6]

생리적인 불균형뿐만 아니라 정신적인 불균형 역시 우리가
균형 상태로 회복하기 위해 뭔가를 하도록 만드는 강력한 힘
이다. 우울하다든지 또는 기분이 상했다거나 찜찜하다는 경

---

5) Gigerenzer, G. (2007). Gut feelings: The intelligence of the unconscious. New
   York: Viking Press.
6) Deckers, Lambert (2018). Motivation biological, psychological, and
   environmental. New York, NY: Routledge.

험은 우리가 정신적으로 불균형 상태에 있다는 것의 표출이
다. 또는 내가 알고 있는 지식이나 신념이 부정되거나 잘못
되었다는 것을 알게 되면 우리는 이러한 불편한 상태를 유지
하는 대신에 어떤 식으로든 불균형을 균형 상태로 회복하려
고 한다.

설득에서 정신적인 불균형 상태를 균형 상태로 회복하는
과정은 큰 역할을 한다. 불균형을 균형 상태로 되돌리는 과정
에서 신념이나 태도가 변하기도 하고 특정한 행위를 하기도
한다. 간단한 예를 한 가지 들어보자([그림 2-1]을 보라). A라는
사람은 끽연가이고 A에게는 B라는 사랑하는 사람이 있다. 그
런데 B는 흡연을 너무나도 싫어한다. 이럴 경우에 A는 정신
적으로 불균형의 상태가 된다. 만약 B가 흡연가이거나 또는
A가 비흡연자라면 균형 상태가 된다. 정신적으로 균형이 유
지되지 않으면 우리는 가능한 이 상태에서 벗어나고 싶어 한
다. 이때는 A가 담배를 끊거나 도저히 담배를 끊지 못한다면
B와 헤어짐으로써 균형 상태를 취한다. (우리는 최소노력으로
균형 상태를 유지하려 할 것이므로 이럴 경우에는 애인과 헤어지기
보다는 금연 쪽을 택할 가능성이 더 크다!).

어떤 경우에는 설득 효과를 얻기 위해 의도적으로 설득대
상에게 정신적인 불균형 상태를 일으키기도 한다. 지금까지
A라는 식품은 우리의 건강에 가장 완전하고 안전한 것이라
고 믿었는데 '그렇지 않다'는 정보를 접하면 당사자는 심리적
으로 상당한 불편함 즉 심리적인 불균형 상태를 경험한다. 이

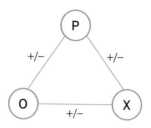

[그림 2-1] 세 면의 +/− 의 곱이 +이면 '균형' − 이면 '불균형'이다[7]

경우, 불균형 상태를 그대로 유지하지는 않는다. 식품A에 대한 자신의 기존 신념을 더욱 강화할 자료를 찾거나 식품A의 안전성을 제기한 정보원의 신뢰도나 공정성을 평가 절하하는 방식으로 불균형을 균형 상태로 돌리려고 한다. 예컨대, 고열량 음식은 건강에 좋지 않다고 생각하지만 고열량 음식을 즐기는 경우와 같이 만약 소비자가 불균형 상태에 있다면 기업은 소비자가 불균형을 해소하도록 도움으로써 구매를 설득하기도 한다. 불균형의 성격이나 세기가 어떠한가에 따라 설득에 필요한 전략이나 설득의 효과가 좌우되기도 한다.

---

7) Heider, Fritz (1958). The psychology of interpersonal relations. John Wiley & Sons.

주관적 존재

설득을 이해하는데 염두에 두어야 하는 세 번째 인간의 특성은 '주관성' 또는 '상대성'이다. 이 책을 읽을 때는 설득 (persuasion)과 조작(manipulation)을 구분해야한다. '설득'이라는 개념은 메시지 수용자가 수동적인 존재가 아니라 능동적인 존재임을 인정한다. 메시지 수용자는 메시지라는 자극에 1 : 1로 반응하는 존재가 아니라 메시지 수용자의 심리적 특성과 기제의 매개를 통해 반응하는 존재이다.

우리는 세상을 있는 그대로인 상태로 객관적으로 바라보는 존재가 아니다. 같은 영화를 보고나서 친구와 전혀 다른 평을 한 적이 한 번쯤은 있을 거다. 친구에게 A라는 의도로 문자를 보냈는데 이를 달리 받아들여 오해를 산 적도 있을 거다. 특정한 소비자 반응을 이끌어 내기 위해 광고 메시지를 고안했지만 소비자는 이를 전혀 다르게 받아들이기도 한다. 어떤 외부의 대상에 대해, 그것이 사람이건 대화 내용이건 또는 그 무엇이건, 사람마다 받아들이는 방식이나 생각이 각기 다르다는 것만 보더라도 우리가 세상을 바라보는 것은 지극히 주관적이며 상대적이라는 것을 알 수 있다.

왜 그럴까? 물론 이런 경험을 한다는 사실 자체를 모르는 사람은 없을 것이다. 하지만 설득현상을 이해하려면 좀 더 구체적인 원리를 이해하는 것이 도움이 된다. 우리는 자라면서 다양한 환경에서 각기 다른 경험을 한다. 이러한 경험들은 우리 머릿속에 축적되어 시간이 지나면서 응고된다. 축적되고 응고된 경험은 머릿속에 저장된 상태로 머물지 않고 밖을 바라보는 창문의 '틀'이나 '필터'로 작동한다. 나아가 개인마다 경험이 다르니 이러한 틀이나 필터 역시 다르다. 새로운 대상이나 경험을 마주하게 되면 우리는 이것을 있는 그대로 받아들이기보다는 과거 경험을 토대로 주관적으로 해석하여 받아들인다.

[그림 2-2] **토끼를 보는가, 오리를 보는가**

'기대'나 '동기' 그리고 '기분'도 주관적인 해석과 무관하지 않다. 우리는 우리가 보기를 기대하는 대로 세상을 본다는 사실을 잘 안다. 기분이 우울할 때는 대상의 부정적인 측면을 더 많이 본다. 기분이 좋을 때는 긍정적인 면을 더 잘 떠올린다. 우리는 '보는 것을 믿을까? 아니면 믿는 것을 보는 것일까?' [그림 2-2]를 보라. 당신은 무엇을 보는가? 왜 사람마다 같은 것을 보지 않을까? 인간은 '선택적' 존재이다. 우리는 외부 자극에 선택적으로 노출된다. 선택적으로 주의를 기울이며 선택적으로 외부 자극을 해석한다. 그리고 선택적으로 기억한다. 선택의 기준은 개인에 따라 같을 수 없다. 우리가 세상을 주관적으로 받아들인다는 사실은 설득에서 매우 중요한 시사점을 제공한다. 설득 효과를 거두고자 한다면 이러한 특성을 반드시 염두에 두어야 한다.

핵심과 적용

- 설득 메시지의 정보처리 존재로서 인간의 특성을 염두에 두고 설득전 략을 설계하자.
- 설득대상은 언제나 설득 메시지에 많은 정신 에너지를 투입하지 않는 다. 가능하면 손쉽고 간편하고 그리고 시간을 절약하는 방식으로 정보 를 처리하려고 한다. 설득대상이 당신의 설득 메시지에 많은 에너지와 시간을 투입하리라는 가정을 하지 말라.
- 설득효과의 상당부분은 심적인 불균형과 관련이 있다. 설득대상은 언제 나 심적인 균형 상태를 유지하려는 강력한 동기를 가진다는 점을 기억 하자. 이와 관련된 현상과 기제를 이해한다면 효과적인 설득전략을 수 립할 수 있다.
- 인간은 주관적인 해석주체이다. 세상을 있는 그대로 객관적으로 받아들 이는 존재가 아니다. 설득대상이 당신의 설득 메시지를 있는 그대로 받 아들일 것이라고 가정하지 말라. 이 책을 읽으면서 '왜', '무엇이' 작동하 기에 주관적 해석이 압도하는지 이해하자.

3

도식정보와
설득

설득현상과 원리를 제대로 이해하려면 세상에 관한 수많은 정보가 우리 머리에 어떻게 저장되며, 저장된 정보는 세상사에 관한 정보를 수집하고 이를 토대로 판단, 추론, 평가하는데 어떻게 영향을 미치며 그 결과로 설득에서는 어떤 역할을 하는지에 대한 기초지식을 가져야 한다. 인간의 정보처리 과정과 내용을 연구하는데 관심을 가진 심리학자들은 인간이 살아가면서 경험하고 수집하는 엄청난 정보가 우리 머리에 어떻게 저장되는지를 밝히는데 관심을 가졌다. 이들은 몇 가지 모형[1]을 제시하였으나 여기서는 설득현상과 밀접히 관련된 것으로 '콜린스와 로프투스(Collins & Loftus)'의 '연결망(network)' 모형[2]을 중심으로 알아보기로 한다.

---

1) 정보의 저장모형에는 '의미 망 모형', '위계 망 모형' 그리고 '속성 비교모형'이 있다. 위계 망 모형은 정보가 위계적으로 저장되어 활용된다고 본다. 속성 비교모형은 대상의 세부특징이나 특성의 목록이 저장, 활용된다고 본다.

2) Collins, Allan M., & Loftus, Elizabeth F. (1975). A spreading-activation theory of semantic processing. Psychological Review. 82 (6): 407-428.

연결망

인간의 뇌와 척수에는 '뉴런(neuron)'이라는 신경계를 이루는 독특한 세포가 존재한다. 정확한 뉴런의 수는 대략 1,000억 개 정도로 추정하는데 대부분의 뉴런은 뇌에 존재한다. 뉴런들은 각자 독립적으로 존재하는 것이 아니라 서로 다양한 형태로 연결된 망을 이룬다.

뉴런은 세 부분으로 구성된다. 정보가 저장된 세포체와 다른 뉴런으로부터 정보를 받아들이는 역할을 하는 수상돌기(dendrite) 그리고 정보를 인접한 뉴런으로 내보내는 축색(axon)이다([그림 3-1]). 뉴런 망은 한 뉴런의 축색과 인접한 뉴런의 수상돌기가 시냅스를 통해 연결되는 식으로 이루어지는데 뉴런들이 이루는 망의 수는 무려 100조개 정도로 추산하리만큼 복잡하게 얽혀있다.[3]

---

3) 뉴런은 전기, 화학적 과정에 의해 다른 뉴런과 정보를 주고받는다. 뉴런의 세포막은 특정 화학물질만을 선택적으로 통과시킨다. 이 때문에 세포의 안과 밖은 화학물질의 분포가 달라지는데, 이로 인해 세포 안쪽은 음극, 세포 바깥쪽은 양극이 되어 세포막 바깥쪽의 물질이 음전하를 띠는 세포 안쪽으로 유입되려는 전기적인 힘을 가진 상태가 된다. 이 상태일 때 세포막 바깥쪽에는 나트륨이온(Na+)이 많이 분포한다. 그런데 세포막 사이의 전위에 변화가 일어나면 나트륨양이온은 갑자기 세포막 안으로 쏟아져 들어온다. 나트륨양이온이 세포막 안으로 들어오는 순간에 전위(potential) 변화가 일어나고 전위변화는 인접해 있는 뉴런의 축색 세포막에 또다시 전위변화를 일으킨다. 이런 변화과정을 '뉴런의 발화'라고 한다. 하나의 뉴런에 전기적 폭발이 일어나면 그로 인한 불이 화학적 과정에 의해 다른 뉴런으로 확산한다.

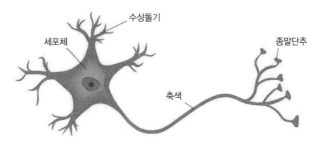

[그림 2-1] **뉴런의 구성**

출처: medicalxpress.com

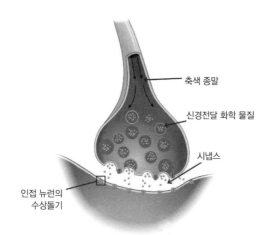

[그림 3-1] **시냅스: 신경접합부**

단순화하면, 수많은 정보는 망의 형태로 저장되고 뉴런들의 연결망에 의해 정보가 소통한다. 중요한 것은 연결망으로 구성된 정보들이 연결되는 세기가 같지 않다는 것이다. 예컨대, 햄버그는 우유보다는 콜라와 더 강력하게 연결된다. 영화는 라면보다는 팝콘과 더 강한 연결망을 가진다. 정보는 경험, 즉 연결 빈도에서 차이가 있기 때문에 정보들 간의 연결강도가 달라진다. 경험이 많을수록 정보의 양과 망의 연결세기도 증가한다. 뉴런 A가 뉴런 B와 인접하여 뉴런 B를 흥분시킬 가능성이 있다면, 또는 어느 경우에 뉴런 B를 자극한다면 A가 흥분할 때 B가 동시에 흥분될 확률이 증가한다. 이런 방식으로 20, 50 또는 100개 아니 그 이상의 뉴런끼리 연결망을 이룰 수 있으며 이들 간에 연결이 형성되려면 많은 반복이 필요하다.[4]

활성화 확산

　망에서 특정 정보간의 연결이 '강하다'는 것은 어느 하나의 정보를 자극하면 연결이 느슨한 정보(영화 – 라면) 보다는 연결이 강한 정보(영화 – 팝콘)가 동시에 활성화 될 가능성이 증가함을 의미한다. 이러한 현상을 '활성화 확산(spreading activation)' 이라 한다. 한 정보의 활성화('여름')는 연결이 강한 노드('바다')로 자동 확산되는 것이다. '연상 놀이'라는 것도 망의 연결 세기에 의존하는 놀이이다.

　설득과정에서 연결망에 대한 원리를 이해 한다면 더욱 효과적인 결과를 거둘 수 있다. 학생을 책상에 앉혀두기 위해 설득하려 한다고 가정해보자. '공부'는 어떤 학생에게는 부정적인 정보 (예컨대, '강제', '지겨움' 등)와 강하게 연결된다. 이 학생에게 '공부하라'는 말은 그다지 설득효과를 거두기 어렵다.

---

4) Hebb, D. O. (1949). The organization of behavior. New York: Wiley & Sons.

대신에 '미래'라는 말이 '성장', '인내' 또는 '결실'과 같은 긍정적인 정보와 연결이 강하다면 차라리 공부하라는 말보다는 미래를 준비하라는 말이 더욱 설득적일 것이다. 설득효과를 얻으려면 대상에게 제시하는 단어나 말 또는 대상이 어떤 연결된 정보를 촉발하는지 고심해야 한다.

조직화된 정보망

1932년에 영국의 심리학자인 바틀렛(Bartlett)은 흥미로운 연구[5] 결과를 발표했다. 대학생들에게 그들에게는 친숙하지 않은 문화규범을 담고 있는 낯선 나라의 설화를 읽게 했다. 얼마간 시간이 지난 뒤에 그들이 읽었던 설화를 여러 번에 걸쳐 기억해내도록 했다. 기억한 내용을 면밀히 살펴본 바틀렛은 처음에 읽었던 설화 내용이 학생들이 살고 있는, 그들에게 친숙한 문화의 규범과 기대에 맞게 점차 각색된다는 것을 발견했다.

사람들에게 다양한 가구가 배치된 방의 사진을 보여주고 나중에 사진에서 보았던 방에 어떤 가구들이 있었는지 기억하라고 해보자. 그런데 기억해낼 때 사진에서 본 방은 사실

---

5) Bartlett, F.C. (1932). Remembering: A study in experimental and social psychology. Cambridge, England: Cambridge University Press

교수 연구실이라고 귀띔 해준다면 어떤 일이 일어날까? 이 경우에도 위의 연구결과와 마찬가지로 실제는 사진에 없었지만 교수 연구실에 있음직한 가구들을 본 것으로 기억할 것이다.

왜 이런 일들이 일어날까? 정보는 경험에 따라 서로 연결망을 이룬다. 이러한 정보간의 연결망이 확대될 수도 있지 않겠는가. 예컨대 '대학교'라고 하면 교수, 학생, 연구실, 수강신청, MT 등이 연이어 떠오른다. 연이어 떠오른다는 것은 대학교를 중심으로 직접적 또는 간접적 경험을 통해 연합된 정보들이 하나의 도식(schema) 즉, '잘 조직된 정보덩어리'로 존재한다는 말이다.

[그림 3-2]

두 명의 친구에게 이 사진을 보여주고 며칠 지난 후에 장면을 기억하라고 해보자. 한 명의 친구에게는 사고 당시 도로의 제한속도는 시속 100km, 또 한명의 친구에게는 시속 30km 라는 정보를 주자. 두 친구의 사고 장면에 대한 기억은 다르다.

도식은 우리가 세상을 살아가면서 접하는 수많은 정보를 많은 정신적인 노력을 하지 않아도 재빨리 이해하는데 매우 중요한 역할을 한다. 어느 날 친구가 "노트북을 사려고 하니 브랜드 하나를 추천해 달라"고 했다고 하자. 만약 노트북에 대한 정보덩어리인 도식이 우리 머리에 없다면 대화는 불가능하다. 정보덩어리를 가지지 않는다면 우리는 매번 정보를 재평가하는 번거롭고 에너지 소모적인 정신활동을 해야 한다. 이럴 경우 우리가 생존하기란 아마 불가능할 것이다.

도식은 설득에서 중요한 역할을 한다. 도식은 설득 메시지를 빨리 그리고 용이하게 처리하는데 도움을 준다. 가전제품을 판매하는 영업사원의 경우를 보자. 소비자가 이미 친숙한 제품을 구매하도록 설득하는 것이 생소한 제품을 구매설득하는 것에 비해 훨씬 용이하다. 친숙한 제품은 그 제품에 대한 도식이 이미 소비자의 머리에 존재하기 때문이다. 하지만 생소한 신제품은 정보덩어리가 형성되지 않았기 때문에 소비자를 설득하는데 애를 먹는다. 소비자에게 생소한 제품을 출시한다면 소비자가 가진 정보덩어리를 얼마나 잘 활용하느냐에 따라 구매설득의 성패가 영향을 받는다. 새로운 형태의 음료가 출시되었다고 하자. 만약 이 음료가 기존에 소비자가 경험하지 않아서 도식이 형성되지 않은 것이라면 제품 정보를 처리하는 것도 그리고 기억하는 것도 지장을 받는다. 이때는 기존 도식을 활용하여 정보 처리가 용이하도록 해야 원하는 설득효과를 거둘 수 있다.

　도식은 특정 정보뿐만 아니라 감정을 동반한다.[6] 도식에 의해 촉발된 감정은 대상에 대한 회피나 접근행동을 중재한다.[7] 나아가 도식이 촉발하는 감정은 어느 정보에 더 주의를 집중하고 수용할지에도 영향을 미친다. 만약 당신이 누군가를 소개 받는데 그 사람의 대학시절 전공이 철학이라는 것을 알게 되었을 때와 경영학이라고 알게 되었을 때 어떤 차이를 느끼는가? 아니면 중립적 느낌인가? 아마 다를 것이다. 십 수 년이 지나 길에서 우연히 만난 동창이 직장인이란 것과 정치인이라는 것을 알게 되었을 때 느낌이 같은가? 어떠한 느낌을 갖느냐에 따라 상대에 대한 평가와 설득도 영향을 받을 수밖에 없다.

도식의 유형

　세상사에 대한 경험이 다양한 만큼 정보덩어리의 형태 역시 다양하다. 정보덩어리의 형태를 이해한다면 효율적인 설득전략을 구사할 수 있다.

6) Abelson, R. P., Kinder, D. R., Peters, M. D., & Fiske, S. T. (1982). Affective and semantic components in political person perception. Journal of Personality and Social Psychology, 42(4), 619-630.

7) Mandler, G. (1982). The structure of value: Accounting for taste. In M.S. Clark & S.T. Fiske (Eds.), Affect and cognition: The 17th annual Carnegie Symposium on cognition, 55-78. Hillsdale, NJ: Lawrence Erlbaum Associates.

◎ '대상'에 대한 도식. 대상은 주로 물질적인 것을 말한다. 대상에 대한 정보덩어리는 각 대상이 어떻게 다르며 이들이 어떤 역할을 하는지를 이해하는데 도움을 준다. 예컨대, 우리는 '문'에 대한 정보덩어리를 가지며 여기에는 회전문, 미닫이 문, 여닫이문과 같은 형태 그리고 각 형태의 문을 어떻게 다루어야 하는지에 대한 정보가 포함된다. 해외여행을 꿈꾸는 사람에게 아름다운 풍광을 즐기는 것은 결코 빼놓을 수 없는 즐거움이다. 실제 여행에서는 정확히 어떤 일들이 벌어질지 알 수 없지만 우리는 해외여행에 대한 정보덩어리를 토대로 '기대'를 하게 된다. 여행 상품 또는 최신 카메라기능을 탑재한 스마트폰 마케터는 해외여행에 대한 소비자의 정보덩어리를 최대한 활용해야 한다.

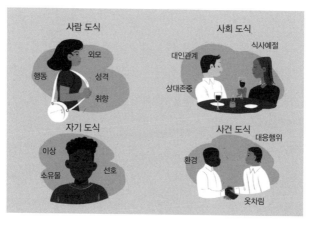

[그림 3-3] 도식의 유형

◎ '인물'에 대한 도식. 이 정보덩어리는 우리가 일상에서 만나는 많은 유형의 사람을 직관적으로 이해하고 어떻게 대응할 것인지 재빨리 판단하게 한다. 여기에는 특정 인물의 외모, 행동방식 그리고 성격 등의 정보가 포함된다. 인물에 대한 정보덩어리는 '생존' 전략으로서 세상을 살아가는데 적응적 가치가 매우 크다. 처음 만난 사람이라면 그 사람에 대한 구체적인 정보가 없더라도 이 정보덩어리를 동원하여 상대를 판단하고 예측한다. 구강관련 제품의 광고에 흰 가운을 걸치고 의사가 연상되는 인물을 광고모델로 자주 사용하는 것도 의사의 긍정적인 도식을 광고제품에 전이하여 설득효과를 높이려는 것이다.

◎ '사회적 상황'에 대한 도식. 이는 살아가면서 놓이게 되는 다양한 사회적 상황에서 우리가 어떻게 행동해야 하는지에 대한 길잡이 역할을 한다. 만약 놀이공원에 간다면 거기서 기대하는 사회적 상황을 이해하고 준비하는 역할을 한다. 놀이공원을 갈 때와 친구의 생일모임에서의 사회적 상황과 행동에 대한 정보덩어리는 다르다.

◎ '역할'에 대한 도식. 특정 사회적인 역할을 맡은 사람은 어떻게 행동할 것이라는 기대와 예측을 가능하게 한다. 항공사 승무원에 대한 정보덩어리와 헤어디자이너에 대한 정보덩어리는 다르며 우리는 이들을 마주했을 때 그

들이 어떤 행동을 해주기를 기대하거나 또는 이러 저러
하게 행동할 것이라는 예측을 한다. 이러한 정보덩어리
는 고정관념으로 작용하기도 한다.

◎ '행위 연쇄'에 대한 도식.[8] 영화를 보러간다면 표를 인터
넷으로 예매하거나 극장에서 구입을 하고 좌석을 정하
고 영화가 시작되면 휴대폰을 무음으로 하는 등의 연쇄
적인 행위를 기대한다. 주어진 상황에서 어떤 행위들을
순차적으로 해야 하는지에 대한 정보덩어리이다.

◎ '자기(self)' 도식. 자기도식 역시 과거 경험에 의해 형성
되는 것으로 자신에 관련된 정보를 처리할 때 길잡이의
역할을 한다. 어떤 설득 이슈나 메시지에 대해 어떻게
행동할 것인지 안내하는 역할도 한다.[9] 자기도식을 구
성하는 요소는 신체특징, 관심사, 성격특질, 그리고 행
동특징(예컨대, '남의 일에 잘 참견한다.' '갈등 상황은 피한
다.' 등) 이다. 개인에 따라 두드러지는 구성요소는 차이
가 있다. 특히 두드러지는 요소가 자기도식에서 더욱 중
요한 역할을 하게 된다. 다른 도식과 마찬가지로 설득
메시지가 메시지 수용자의 자기도식과 일치할수록 설득

8) 스크립트(script)라고 한다.
9) Markus, H. (1977). Self-schemata and processing information about the self.
   Journal of Personality and Social Psychology, 35(2), 63-78.

효과는 커진다. 메시지 수용자는 설득 메시지가 자기도
식과 일치하면 메시지에 집중하고 적극적으로 처리한
다.[10]

　메시지 수용자의 자기참조(self-reference) 기제를 활
용하면 설득효과를 높일 수 있다. 자기참조란 어떤 것을
학습할 때 자신의 경험과 연관 짓는 것이다. 의대생들은
특정 증후에 대해 공부할 때 마치 자신이 그 증후의 질
환을 가진 것 같은 경험을 한다. '의대생 증후'라고도 하
는 이러한 현상 역시 자기참조효과 때문이다. 자기참조
효과를 설득효과로 연결하려면 메시지 수용자의 자전적
(autobiographical) 기억을 자극하는 것도 효과적이다. 자
전적 기억이란 개인사에 관한 기억이다. 메시지 수용자
의 자전적 기억을 자극하면 메시지 몰입을 높일 뿐만 아
니라 자신과 직접 관련되었기에 독특하게 처리되어 기
억이나 태도 등에서 효과가 크다.[11]

---

10) Laura A. Brannon, & Amy E. McCabe (2002). Schema-derived persuasion and
　　perception of AIDS risk. Health Marketing Quarterly, 20(2), 31–48.
11) Mita Sujan, James R. Bettman, & Hans Baumgartner (1993). Influencing
　　consumer judgments using autobiographical memories: A Self-referencing
　　perspective. Journal of Marketing Research, 30(4), 422–436.

도식의 기능과 설득

설득에서 정보덩어리의 중요성은 두말할 필요가 없다. 상업적이건 또는 비 상업적 목적이건 상대를 설득하려면 정보덩어리를 적절히 잘 사용해야한다. 방문판매를 하는 영업인이라면 영업인의 직업이나 역할에 대해 고객이 가지는 정보덩어리를 이해하여 예상되는 장애요인에 대한 대책이나 장점의 활용방안에 대해 숙고해야 설득에 성공할 수 있다. 면접에 임하는 지원자도 예외가 아니다. 지원자의 목표도 결국 면접관을 설득하는 것이다. 면접관의 머리는 출신학교, 전공, 그리고 인물(외모나 말투) 등 지원자의 평가에 영향을 미치는 정보덩어리로 차있다. 영리한 지원자라면 면접내용도 내용이지만 평가에 영향을 미칠 수도 있는 요소를 미리 예측하고 대비할 것이다. 그러면 정보덩어리는 구체적으로 어떤 기능을 하는 것일까?

◎ 첫째, '메우기' 기능이다. 정보덩어리는 의식적인 노력을 기울이지 않고 거의 자동적으로 촉발된다. 일단 촉발이 되면 없거나 부족한 정보는 추론하여 메우는 쪽으로 작동한다. 매장에서 우연히 자신이 평소 즐겨 구입하는 식품기업이 새로운 제품을 출시하였다는 것을 알게 된다. 그러면 그 기업의 제품들에 대한 정보덩어리가 촉발되

어 이를 토대로 신제품에 대해서도 긍정적인 추론을 하게 될 가능성이 증가한다. 이 경우, 구매시도를 하게 될 가능성도 높아진다.

　신제품이 소비자 구매설득에 실패하는 이유 중의 하나도 바로 이 메우기 기능의 역작용 때문이다. 소량 사용으로도 세척력이 기존 세제보다 강한 고농축 세제가 출시된 적이 있다. 하지만 소비자에게 구매를 설득하는 데 애를 먹었다. 세제 주사용자인 주부가 세제라는 제품에 대해 가지는 정보덩어리에서 '거품'은 세척력과 연결되는 중요한 요인이었지만 신제품은 거품이 적었기 때문이다. 아무리 세척력을 강조해도 적은 거품으로 기존의 정보덩어리를 수정하는 데는 많은 시간이 필요했다.

◎ 둘째, 정보덩어리는 정보를 처리하는 시간을 단축할 뿐만 아니라 정보의 이해도 촉진한다. 정신적인 에너지 소모도 덜하다. 위스키에 대해 잘 구축된 정보덩어리를 가진 소비자는 위스키의 종류에 대한 정보처리 속도가 빠른 것은 물론이고 위스키의 맛이나 향에 대해서도 비교적 정확한 평가가 가능하다.

도식 어울림과 설득효과

대체로 설득효과는 대상이 도식과 잘 어울릴 때 증가한다.
김 과장은 제품개발을 위해 어떤 과학기관의 연구원을 만나
기로 하였다. '연구원'에 대한 김 과장의 정보덩어리는 그가
만날 사람에 대해 어떤 '기대'를 가지게 한다. 옷차림이나 인
상에서부터 말투 그리고 성격까지 추론하게 한다. 만났을 때
그의 기대에서 크게 벗어나지 않는다면 바로 사업이야기를
하게 된다. 연구원에 대해 긍정적인 도식을 가진다면 제품개
발 아이디어를 수용할 가능성도 높아진다. 이미 경험이 많아
서 친숙하거나 긍정적인 감정이 잘 자리 잡은 경우에는 정보
덩어리와 어울리는 것이 설득에는 더욱 효과적이다. 정신적
인 노력을 기울일 필요도 없고 심리적으로도 편안함을 느끼
기 때문이다.

그렇다면 도식과 일치하는 것이 설득의 필요충분조건일
까? 도식과 어울리지 않는 것이 어울리는 것에 비해 설득에서
더욱 효과적이지는 않을까?[12] [13] '의도적으로' 도식과 불일치

12) Hastie, Reid (1980), Memory for information which confirms or contradicts a
    general impression, in Person Memory: The Cognitive Basis of Social Perception,
    eds. Reid Hastie, E.B. Ebbesen, R.S. Wyer, Jr., D.L. Hamilton and D.E. Carlston,
    Hillsdale, NJ: Erlbaum, 155-77.
13) Srull, Thomas K., M. Lichtenstein, & M. Rothbart (1985), Associative storage
    and retrieval processes in person memory, Journal of Experimental Psychology:
    Learning, Memory, and Cognition, 11 (2), 316-45.

하는 정보를 제공하는 것이 설득 측면에서 더욱 효과적일 수 있다는 한 연구[14]의 예를 보자. 잘 알려진 어떤 직업의 인물을 연구대상자들에게 제시하면 직업에 대한 도식이 촉발된다. 이들에게 정보덩어리와 어울리는 성격항목과 어울리지 않는 성격항목을 섞어서 제시했다. 그리고 일정 시간이 지난 후에 성격항목에 대한 기억검사를 실시했다. 결과는 어땠을까? 정보덩어리와 어울리는 성격항목에 비해 어울리지 않는 성격항목을 더 많이 기억했다! 왜 이러한 결과가 나왔을까?

일단 직업에 대한 정보덩어리가 촉발되면 이 정보덩어리는 후속하는 정보를 처리하는 '길잡이'의 역할을 한다. 정보덩어리와 후속 정보를 비교하는 과정을 거친다. 어울리는 정보라면 큰 노력을 기울이지 않아도 된다. 하지만 어울리지 않는 정보의 경우에는 이를 이해하기 위해 정신적인 노력을 기울이게 된다. 이 과정에서 어울리지 않는 정보는 더욱 뚜렷한 기억의 경로를 남기게 된다. 그 결과로 어울리지 않는 정보에 대한 기억이 향상된다.

판매설득 장면에 대입한 다른 연구를 한 가지 더 살펴보자.[15] 매장에서 고객에게 제품을 소개하기 위해 영업직원이

---

14) Hastie, Reid (1980), Memory for information which confirms or contradicts a general impression, in Person Memory: The Cognitive Basis of Social Perception, eds. Reid Hastie, E.B. Ebbesen, R.S. Wyer, Jr., D.L. Hamilton and D.E. Carlston, Hillsdale, NJ: Erlbaum, 155-77.

15) Sujan, Mita, James R. Bettman, & Harish Sujan (1986), Effects of consumer expectations on information processing in selling encounters, Journal of Marketing Research, 23 (4), 346-53.

다가왔다. 이때 두 가지 경우를 가정해보자. 먼저 영업직원이 '전형적인 영업직원' 즉 소비자의 정보덩어리와 잘 어울릴 때이다. 이 경우 고객이 제품을 평가할 때는 영업직원의 제품에 대한 설명과 주장에 그다지 많은 주의를 기울이지 않는다. 하지만 영업직원이 소비자의 정보덩어리와 어울리지 않는 경우에는 고객은 영업직원의 제품에 대한 소개내용에 더 많은 주의를 기울이고 제품 자체에 대해서도 더 많은 생각을 하게 된다. 만약 고객이 제품특성에 주의를 기울이게 하여 구매설득력을 높이려면 영업직원에 대해 가지는 전형적인 정보덩어리와 거리를 두는 편이 나을 수도 있다.

도식 불일치는 주의획득이나 적극적인 정보처리뿐만 아니라 긍정적인 정서를 유발하여 설득 자극에 호의적인 느낌을 가지게 한다. 벌린(Berlyne)의 '각성이론'[16]에 의하면 정보덩어리와 어울리지 않는 정보를 접하면 처음에는 긴장수준이 증가한다. 마침내 이해했을 때 어울리지 않음으로 인해 증가한 긴장이 완화하면서 '쾌'(즐거움)가 뒤따른다. 그리고 긍정적인 감정은 대상에 전이된다. 시장의 후발주자이거나 확고하게 자리를 잡지 않은 경우에는 소비자의 정보덩어리에 순응하기보다는 오히려 어울리지 않는 정보를 전략적으로 활용하는 것이 효과적일 수 있음을 시사한다.[17]

---

16) Berlyne, D. E. (1971). Aesthetics and psychobiology. Appleton-Century-Crofts.
17) 창의적인 아이디어가 왜 진부한 아이디어에 비해 효과적인가를 설명하는 기제이기도 하다.

　우리가 설득 메시지 중에서 가장 자주 접하는 것은 아마 광고일 것이다. 광고제작자는 도식 불일치 효과에 대해 누구보다 잘 알고 있다. 여러 연구에 의하면 우리는 광고에 대해서도 도식(광고도식)을 가진다.[18] 특정 제품의 광고는 일반적으로 이러 저러하다는 조직화된 인식체계를 가진다. 광고를 이용한 설득의 효과는 도식일치 효과와는 역의 관계에 있다.[19] ([그림 3-4]) 광고도식과 일치하는 광고에 대해 우리는 광고의 메시지에 주의를 덜 기울이며 광고에 대한 태도도 긍정적이지 않다. 즉, 광고도식과 불일치할수록 광고의 설득효과는 높다.

　광고도식 불일치 효과의 핵심 기제는 '기대'이다. 특정 설득 이슈를 접하면 어떤 메시지가 제시될 것이라는 '기대'가 자동으로 촉발된다. 그런데 우리가 기대했던 메시지가 아니면 주의를 기울이게 된다. 메시지에 대한 이해는 긍정적인 반응을 이끌어내고 설득 메시지의 수용 가능성은 증가한다.

---

18) 예; ①Marian Friestad, & Peter Wright(1995). Persuasion knowledge: Lay people's and researchers' beliefs about the psychology of advertising. Journal of Consumer Research, 22(1), 62-74. ②Dahlen, M., & Edenius, M.(2007). When Is advertising advertising? Comparing responses to non-traditional and traditional advertising media. Journal of Current Issues and Research in Advertising 29(1), 33.

19) Stafford, T.F., & Stafford, M. (2002) 'The advantages of atypical advertisements for stereotyped product categories. Journal Of Current Issues and Research In Advertising, 24(1), pp. 25.

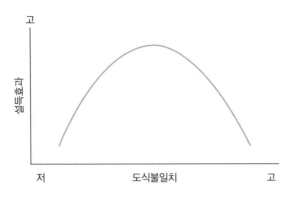

[그림 3-4] **도식 불일치 효과**
적절한 불일치 수준일 때 설득효과는 가장 크다.

지금까지 도식의 일치와 불일치 효과에 대해 알아보았다. 도식 일치와 불일치 효과는 설득전략을 고안할 때 반드시 고려해야 할 사항이다. 도식일치는 신속하고 편안한 정보처리의 이점을 제공하지만 주의를 끌거나 적극적으로 메시지에 몰입하는 데는 장애가 될 수도 있다. 도식 불일치는 장점도 있지만 적절한 수준을 유지해야 하는 과제가 있다. 도식 불일치 설득전략을 고려한다면 불일치 정도는 '적절'해야 한다. '적절성'의 수준은 여러 요인에 따라 다르지만 너무 큰 불일치 또는 너무 약한 도식 불일치는 효과를 보장하기 어렵다.[20] 만약 설득대상이 설득 이슈에 대해 친숙하지 않고 충분한 지식을 가지지 않는다면 도식과 일치하는 메시지를 제시하는 것

---

20) Joan Meyers-Levy, & Alice M. Tybout (1989). Schema congruity as a basis for product evaluation. Journal of Consumer Research, 16(1), 39-54.

이 바람직하다. 하지만 설득대상이 설득 이슈에 친숙하고 이미 많은 경험과 지식을 가진다면 도식과 불일치하는 메시지가 더욱 효과적이다.

핵심과 적용

- 다양한 정보가 머릿속에 어떤 식으로 저장되는지 염두에 두고 설득전략을 수립하자. 정보는 서로 연결되며 하나의 정보는 그것과 강하게 연결된 정보를 불러낸다는 점을 잊지 말자.
- 설득 메시지에 사용할 내용(단어, 용어 등)을 설계할 때 이 점을 염두에 두자.
- '도식'의 특성과 기능에 대해 이해하고 활용하자. 도식은 당신의 설득효과를 방해할 수도 있고 증가할 수도 있다.
- 도식의 기능들에 대해 잘 이해하고 설득전략에 어떤 기능을 사용할 것인지 숙고하라. 또한 어떤 기능이 당신의 설득 메시지 해석을 왜곡하고 예상하지 못한 결과를 가져올지에 대해서도 고려하라.
- 도식은 항상 '일치' 해야만 바람직한 것은 아니라는 점을 염두에 두자. 설득효과를 거두려면 설득대상의 특성과 설득 이슈의 특성을 고려하여 도식일치 전략을 사용할 것인지, 도식 불일치 전략을 사용할 것인지 고심하라.

4

주관성,
선택성과
설득

우리가 세상을 이해하는 방식은 유연하고 환경 적응적이다. [그림 4-1]을 보라. 무엇이 보이는가? 색소폰을 연주하는 사람을 보는가, 아니면 여자의 얼굴을 보는가. 그림에는 두 개의 대상이 모두 포함되어 있다. 하지만 하나의 대상을 보면 다른 대상은 보이지 않는다. 우리가 주의를 어디에 두는가에 따라 외부 자극을 보는 것이 달라질 수 있음을 말한다.

아무런 과거 경험이 없어서 마치 우리 머릿속이 백지장과 같다면 새로 마주하는 그 어떤 외부 자극에 대해서도 추론하거나 미리 판단하는 것은 불가능하다. 하지만 우리의 뇌는 아무것도 기록되지 않은 백지장이 아니다. 우리는 외부 자극을 있는 그대로 받아들이지 않는다. 당신에게 누군가 무언가를 요청한다면 당신은 요청 그 자체를 가지고 판단하지는 않는다. 그 사람에 관한 경험이나 지식을 동원하여 요청의 정당성과 순수성 등을 판단한다. 설득현상에는 설득메시지에 대한 주관적인 해석과 판단이 개입할 수밖에 없다. 일견 상식적으로 들리겠지만 작용 기제를 자세히 들여다본다면 설득현상을 이해하고 설득효과를 높이는데 도움이 된다.

[그림 4-1]

세상을 보는 것은 능동적 과정이다. 우리가 주의를 어디에 두느냐에 따라 '보는 것'은 다르다.

세상을 보는 방식

말이건 문자이건 또는 광고와 같은 커뮤니케이션 메시지이건 우리가 이들을 이해하는 것은 그리 단순하지 않다. 눈, 코, 입과 같은 감각기관을 통해 입력된 감각정보를 해석하는 과정을 거쳐야만 한다.[1] 감각기관으로부터 수집된 정보를 분류, 분석, 해석하고 통합하여 의미를 부여하는 능동적 정신 과정을 지각(perception)이라고 한다.

지각은 감각기관의 신경계를 통한 신호에서 시작한다. 이 신호는 감각기관의 물리적, 화학적 자극에서 발생한다. 예컨

---

1) Schacter, Daniel (2011). Psychology. Worth Publishers.

대, '보는 것'은 안구의 망막을 빛이 자극한 결과이며 '냄새 맡기'는 냄새분자에 의해 매개되며 '소리 듣기'는 청각기관에 도달하는 파장 압력이 있어야 한다. 지각과정은 외부 세계에 존재하는 대상에서 시작한다. 빛, 파장 등은 신체의 해당 감각기관을 자극한다. 그러면 감각기관은 에너지 변환이라는 과정을 통해 입력된 물리적 에너지를 신경활동으로 전환하고 신경활동은 뇌로 가서 처리된다.[2]

지각은 신경계의 복합적인 기능에 의존한다. 그러나 지각과정은 우리가 알아채지 못하기 때문에 의식적 노력이 필요하지도 않다. 지각이란 뇌가 변환된 신경활동을 받아들이는 수동적인 현상으로 생각하지만 실제 지각은 신경계 신호의 수동적인 수령뿐만 아니라 이미 수용자의 머릿속에 저장된 과거 경험에 대한 학습, 저장된 정보를 불러내고 활용하는 기억, 기대 그리고 주의 등과 같은 복잡하고 다양한 정신활동에 의해 영향을 받는 능동적인 과정이다. 착각을 한다거나 모호한 이미지를 이해하는 현상 등에 대한 연구들은 우리의 지각과정이 감각입력 자극에 의미를 부여하고 적극적으로 해석하는 능동적인 과정임을 보여준다.[3]

지각과정을 좀 더 자세히 알아보자. 지각의 첫 번째 단계는

2) Pomerantz, James R. (2003): Perception: Overview. In: Lynn Nadel (Ed.), Encyclopedia of Cognitive Science, 3, 527-537. London: Nature Publishing Group.

3) Bernstein, Douglas A. (2010). Essentials of psychology. Cengage Learning.

환경의 감각정보

5감
• 시각
• 청각
• 후각
• 미각
• 촉각

지각은 감각정보를
해석하는 과정

[그림 4-2]

세상에 대한 이해는 감각기관이 전달하는 정보에만 전적으로 의지하지 않는다.
출처: simplypsychology.com

'노출(exposure)'이다. 설득 메시지와 같은 외부 자극이 설득
대상의 감각기관에 도달하는 것을 노출이라고 한다. 설득 메
시지가 노출단계를 무사히 통과하지 못하면 다음 단계로 진
행하는 것은 불가능하다. 현대와 같이 수많은 미디어가 존재
할 때는 설득 메시지를 제대로 노출하는 것도 대단히 중요한
과제다. 노출의 기회를 잡지 못하면 그 어떤 설득 메시지도
설득효과를 거둘 수 없다. 노출단계를 통과하면 '선택적 주의
(selective attention)' 단계가 기다린다.

  선택적 주의는 설득대상이 정신적인 에너지를 투입할 외부
자극 또는 대상을 선택하는 과정이다. 우리가 특정 시점에 사
용가능한 정신 에너지는 제한된다. 많은 메시지가 동시에 존
재한다면 우리는 선택을 해야만 한다. 선택하지 않은 메시지
는 존재하지 않는 것과 마찬가지다. 어떤 메시지에 선택적으

로 주의를 기울일지는 설득대상의 개인적 요인이 영향을 미친다. 설득대상의 신념이나 욕구, 기대 그리고 동기와 같은 내적인 상태는 설득 메시지에 주의를 기울일지 아니면 무시할지를 결정하는데 중요한 요인으로 작용한다. 선택적인 주의를 기울인 메시지는 비로소 대뇌로 가서 해석된다.

지각 특성

우리의 뇌가 외부정보를 능동적으로 지각하는 체계를 갖추고 있다는 것을 몇 가지 현상을 통해 알아보자. 우리는 어떤 대상(예컨대 '문')이 다양한 형태로 우리 망막에 투영되더라도 항상 같은 대상으로 알아차리는 능력을 가진다. 즉, 우리는 모양이나 각도 또는 빛의 강도가 변하더라도 특정 대상을 항상 '바로 그 대상'으로 인식하는 놀라운 능력을 가진다. 이러한 현상을 '지각 항상성'(perceptual constancy)이라고 한다.[4]

지각 항상성은 모든 감각에 적용된다. 그림의 문을 보라. 열림과 닫힘의 각도에 따라 형태가 변하여도 우리는 항상 같은 문으로 인식한다. 당신이 아는 사람은 정면이건 옆면이건 또는 어느 각도로 다가오건 '바로 그 사람'임을 알아채는데 전

---

4) Goldstein, E. Bruce (2009). Constancy. In Goldstein, E. Bruce (ed.). Encyclopedia of perception. Sage. 15, 309-313.

[그림 4-3]
열리고 닫힘의 각도에 따라 형태가 변하여도 우리는 언제나 동일한 문으로 인식한다.

혀 문제가 없다. 낮과 밤에는 대상에 투과되는 빛의 양이 분명히 다름에도 불구하고 당신의 승용차는 항상 같은 색으로 인식된다.

　인간의 지각현상에 관심을 가졌던 일단의 연구자들을 '게슈탈트 학파'[5]라고 한다. 이들은 인간의 지각현상이 작동하는 원리를 체계적으로 규명하고 몇 가지 원리로 정리하였다.[6] 비록 도형을 예로 들었으나 이는 우리가 세상을 이해하는 모든 현상에 적용된다.

　[그림 4-4]를 보라. '유사성 법칙'은 유사한 특성을 지닌 대상은 같은 부류에 속하는 것으로 보는 경향성이다. 한 집단에

---

5) 계슈탈트 심리학(Gestalt Psychology)은 심리학의 한 학파이다. '전체는 이를 구성하는 부분들의 단순 합 그 이상'임을 주장한다. 인간의 정신 현상을 개개의 감각적 부분이나 요소의 집합이 아니라 하나의 그 자체로서 전체성으로 구성된 구조나 갖고 있는 특질에 중점을 두고 이를 파악한다.

6) Wolfe, Jeremy M., Kluender, Keith R., Levi, Dennis M., Bartoshuk, Linda M., Herz, Rachel S., Klatzky, Roberta L., & Lederman, Susan J. (2008). Gestalt grouping principles. Sensation and Perception (2nd ed.). Sinauer Associates.

속하는 성원은 여러 가지 측면에서 서로 공통점을 가지는 것
으로 인식한다. '근접성 법칙'은 서로 가까이 있는 대상을 하
나의 집단으로 간주하는 경향이다. 멀리 있다면 별개의 것으
로 간주한다. 어떤 형태가 끊기거나 또는 분리된 지점이 있더
라도 우리는 그것을 채워서 보려는 경향이 있다. 이를 '연속
성 법칙'이라 한다. 불완전한 대상에 대해서는 불완전한 부분
을 메워서 하나의 완전한 형태로 보려는 경향도 있다. 단어에
서 알파벳 하나가 빠져도 그것이 어떤 단어인지 알아채는데
큰 어려움을 겪지 않는다. 이를 '완결성 법칙'이라 한다. 만약
어떤 대상이, 동일한 시간 비율로 같은 방향으로 움직이고 이
들을 하나의 대상으로 본다면 이는 '공동운명 법칙' 때문이다.
마지막으로 '좋은 형태법칙'은 유사한 모양이나 패턴을 하나

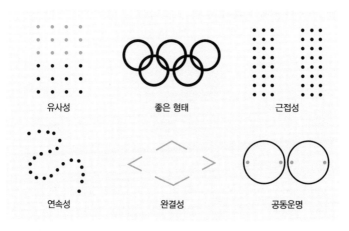

[그림 4-4] **게슈탈트 지각원리**

출처: verywellmind.com

의 집단으로 인식하는 경향이다. 게슈탈트 원리는 성장하면
서 학습하기보다는 생득적으로 지니는 능력이다.[7] 덕분에 우
리는 주변 세상을 혼란스러운 것이 아닌 의미 있는 것으로 인
식가능하다.

　17세기 영국의 철학자 존 로커(John Locke)는 뜨거운 물에
손을 넣었는지 또는 차가운 물에 손을 넣었는지에 따라 미지
근한 물의 온도는 다르게 느껴진다는 것을 언급한 바 있다.
게슈탈트 심리학자들 역시 이러한 현상이 지각의 기본 원리
임을 확인하면서 이를 '대비효과(contrast effect)'라 했다. 이후
대비효과는 다양한 영역에 적용되는 현상임을 많은 연구들이
밝혔다.[8] 면접 장면에서 당신 바로 앞의 면접자가 매우 우수
하였다면 당신에 대한 평가는 상대적으로 손해 볼 가능성이
높다. 물론 그 반대현상도 성립한다. 어떤 음악이 좋은지 나
쁜지는 직전에 들은 음악이 무엇이냐에 따라 달라진다.

---

7) Wolfe, Jeremy M., Kluender, Keith R., Levi, Dennis M., Bartoshuk, Linda M.,
　Herz, Rachel S., Klatzky, Roberta L., & Lederman, Susan J. (2008). Gestalt
　grouping principles. Sensation and Perception (2nd ed.). Sinauer Associates.

8) Plous, Scott (1993). The psychology of judgment and decision making. McGraw-
　Hill.

[그림 4-5]

가운데는 미지근한 물이다. 뜨거운 물에 손을 넣고 미지근한 물에 담구면 물은 차갑게 느껴진다. 하지만 차가운 물에 손을 넣고 미지근한 물에 손을 넣으면 물은 따듯하게 느껴진다.

주관성

욕구나 기대 그리고 믿음과 같은 심적 상태가 외부 대상을 인식하는데 영향을 미친다는 것을 우리는 잘 안다. 어떤 기업에 대한 신뢰가 강한 소비자에게 그 기업에서 출시하려는 신제품의 성능을 검증한 보고서를 보여준다고 하자. 보고서에는 긍정적인 결과와 부정적인 결과가 모두 제시되었다. 이 경우, 소비자는 긍정적인 결과에 대해서는 '역시 신뢰할 기업이군.' 이라고 반응하지만 부정적인 결과에 대해서는 조사대상의 표집이 편파적이라든지 또는 조사문항의 선정이 편향되었다든지 등의 이유를 들어서 비판적으로 반응한다.

우리는 자신의 기존 신념이나 생각을 수정하기보다는 강화하는 방식으로 현상을 인식하는 경향이 있다.[9] 다른 사람과

---

9) (Lord 등, 1979).

대화를 할 때 대화내용과 유사한 이전 경험을 떠올리면 이를
토대로 대화가 어떤 식으로 진행될지 미리 예측하고 방향을
정하기도 한다.

　기대나 신념이 세상을 바라보는 데 어떤 영향을 미치는지
를 생리학적으로 규명한 흥미로운 연구가 있다.[10] 뇌전도[11]
를 사용하여 우리가 외부 자극을 판단할 때 과연 과거경험을
동원하는지 알아보았다. 이 연구는 상황인지 즉, 눈앞에서 진
행되는 현상을 가지고 연구하였다. 외부환경과 효과적으로
상호작용하려면 상황인식을 잘 해야 한다. 실험참가자에게
움직이는 표적을 제시하고 이들이 판단을 할 때 과거경험의
기억에 얼마나 많이 의존하는지 알아내는데 관심이 있었다.
움직이는 표적을 지각하는데 실수하거나 상황을 제대로 인식
하지 못하면 실험참가자는 이 갭을 메우려고 할 것이다. 실제
연구결과는 예상대로였다.

　머릿속의 과거경험은 새로운 정보를 처리할 때 언제나 자
동적으로 동원된다는 사실을 염두에 두어야 한다. 이런 현상
은 우리가 익숙한 도로에서 운전할 때 갑작스러운 변화를 탐

10) Catherwood, D., Edgar, G. K., & Nikola, D. (2014). Mapping brain activity
　　during loss of situation awareness: An EEG investigation of a basis for top-down
　　influence on perception. Human factors: The Journal of the Human Factors and
　　Ergonomics Society. 56(8).
11) 뇌전도(EEG: Electroencephalography)란, 뇌의 전기적 활동에 대한 신경생리학
　　적 측정방법으로 두피에 부착한 전극을 통해 기록한다. 뇌전도는 신경계에서 뇌신
　　경 사이에 신호가 전달될 때 생기는 전기의 흐름이다. 심신의 상태에 따라 각각 다
　　르게 나타나며 뇌의 활동 상황을 측정하는 중요한 지표이다.

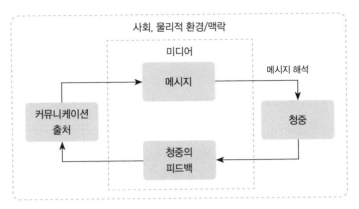

[그림 4-6]
설득 커뮤니케이션의 효과는 설득 메시지 발신자의 메시지에 대한 메시지 수신자의
정신 과정에 의해 결정된다.

지하는 것을 실패했을 때에도 발생한다. 과거에 그러한 변화
를 경험하지 않았기 때문에 위험을 인식하지 못하는 것이다.
설득효과는 설득 메시지를 던지는 사람이 아니라 설득 대상
에 의해 결정된다는 점을 기억하자.

맥락효과

   우리가 세상을 이해하는 방식은 크게 상향식(bottom-up)
처리와 하향식(top-down)처리에 의존한다.[12] 상향식처리는

---

12) Solso, Robert L. (1998). Cognitive psychology (5th ed.). Needham Heights, MA:
    Allyn and Bacon.

자극의 물리적인 특성 그 자체를 토대로 정보처리가 이루어 지는 것이다. 상향식처리를 '자료기반 처리'라고도 한다. 하 향식처리는 1970년에 심리학자인 리처드 그레고리(Richard Gregory)가 처음으로 소개한 개념이다. [13] 하향식처리는 순수 하게 자극 그 자체를 기반으로 한 것이 아니라 사전 지식이나 기대, 동기 또는 맥락의 영향을 받는 정보처리이다. 그레고리 는 지각이란 의미를 구성해가는 적극적 과정으로 보았다. 외 부 자극을 마주하면 우리가 지닌 사전지식이나 경험 그리고 맥락을 동원하여 자극에 대한 의미를 구성한다는 것이다. [그 림 4-7]을 보라.

[그림 4-7] **하향식처리**
맥락 때문에 우리는 모호한 자극이 무엇인지 인식하는데 어려움을 겪지 않는다.

A와 C 그리고 12와 14 사이에 있는 자극만을 떼어 놓고 자 극 그 자체만을 보면 무엇인지 판단하기 모호하다. 하지만 앞 뒤로 알파벳이나 숫자 즉, 맥락이 주어지면 쉽게 확인 가능하 다. 하향식처리는 우리가 세상을 이해하는데 매우 효율적이 다. 하향식처리 기제가 없다면 매일, 매시간 우리에게 폭주하

13) Gregory, R. (1970). The Intelligent eye. London: Weidenfeld and Nicolson.

는 정보를 처리하기란 불가능하다. 정보처리의 효율성도 있지만 설득의 관점에서 보면 인간의 하향식처리가 설득메시지의 해석과 밀접한 관련이 있음을 알 수 있다.

그저 평범한 사람으로 알았던 이웃 지인이 백만 구독자를 가진 소셜 미디어 운영자란 것을 아는 순간부터 그 사람은 지금까지와는 완전히 다른 사람으로 인식된다. '넛지(Nudge)'라는 책의 저자이자 노벨 경제학상 수상자인 '리처드 탈러(Richard Thaler)' 교수는 흥미로운 실험을 했다.[14] 햇살이 따가운 더운 날 해변에서 일광욕을 즐기는 사람들에게 평소 그들이 즐겨 마시는 브랜드의 맥주를 가져다 줄 테니 얼마를 지불할지 물었다. 맥주를 호텔에서 가져다주겠다고 했을 때 평균 지불가격은 2.65달러였고 식품가게에서 맥주를 가져다주겠다고 했을 때는 평균 1.5달러의 지불의사를 밝혔다.

맥락효과는 우리가 맥락의 존재를 의식하지 않을 때 더욱 위력적이기 때문에 설득의 강력한 도구가 될 수 있다. 한 연구[15]에서는 날씨가 쾌청한 날과 비오는 날에 실험참가자에게 전반적인 생의 만족도가 어느 정도인지 평정하도록 했다. 그 결과 쾌청한 날에 실험에 참가한 사람들의 생의 만족도가

14) Richard Thaler (1983) ,Transaction utility theory, in NA-Advances in Consumer Research Volume 10, eds. Richard P. Bagozzi and Alice M. Tybout, Ann Abor, MI: Association for Consumer Research, 229-232.

15) Kruglanski, Arie W. & Higgins, Edward Tory (2007). Social Psychology: Handbook of Basic Principles (2nd ed.). Guilford Press.

비오는 날 참여한 사람들의 만족도에 비해 더 높았다. 하지만 생의 만족도를 평정하기 전에 날씨가 어떤지에 대해 인식하도록 하자 날씨(맥락)는 영향을 미치지 않았다. 맥락효과는 소비자 구매설득에도 효과를 발휘한다.[16] 어떤 제품을 구입하려고 할 때 그것보다 더 나은 제품을 보게 되면 단지 한 제품만 보았을 때에 비해 더 나은 제품에 대한 호감도와 구매가능성은 더욱 증가한다. 제품을 구입하러 매장에 들리면 영업사원이 항상 고객이 고려하는 제품라인에서 가장 값비싼 제품을 보여주는 이유를 알 것이다.

틀 효과

소고기를 구입하기 위해 마트에 갔다. 정육점 두 곳이 있는데 한 정육점에는 '순 살코기 90% 소고기가 막 들어왔습니다.' 라는 문구가 있고 맞은편의 정육점에는 '지방 10% 소고기가 막 들어왔습니다.' 라는 문구가 있다. 만약 당신이 소고기를 사러갔다면 어느 정육점에 더 끌릴 것 같은가? 우리는 살코기 90%의 소고기가 지방 10% 소고기보다 더 품질이 좋고 맛도 좋을 것으로 인식할 가능성이 크다. 사실 두 곳의 소고

---

16) Hedgcock, William., & Rao, Akshay R. (1 February 2009). Trade-off aversion as an explanation for the attraction effect: A functional magnetic resonance imaging study. Journal of Marketing Research. 46(1), 1-13.

[그림 4-8]
동일한 대상이라도 설득대상의 주의를 어디로 끄느냐에 따라 설득효과는 다르다.
출처: freshworks.com

기는 차이가 없지 않은가! 무엇을 부각하느냐의 차이가 있을 뿐이다.

이와 같은 '틀 효과'는 어떤 대안을 긍정적으로 또는 부정적으로 제시하느냐에 따라 결정에 영향을 미치는 판단 편향성이다.[17] 즉 정보를 제시하는 방식이나 정보가 제시되는 맥락에 의해 판단이나 결정이 영향을 받는 현상이다.

관점 바꾸기

우리가 접하는 많은 이슈는 (예컨대, 동성애) 대체로 어떤 관점에서 보느냐에 따라 평가나 판단은 영향을 받는다. 관점 바꾸기 효과는 어떤 틀로 보느냐에 따라 대상이나 사건에 대한

---

17) Tversky, Amos & Kahneman, Daniel (1981). The framing of decisions and the psychology of choice. Science. 211 (4481): 453-58.

의미와 생각 그리고 행동이 변화하는 것이다. 설득을 하려는 사람은 바로 이 점을 이용한다.

예컨대 동성애 찬성론자는 동성애를 인권의 관점에서 부각한다. 반면에 동성애 반대론자는 동성애의 윤리 문제를 부각한다. 사람들을 동성애에 찬성하도록 설득하려 할 때는 인권의 틀을 이용한다. 반대를 이끌어 내려고 할 때는 윤리의 틀을 이용한다. 특정 관점을 부각하면 사람들은 그것이 마치 전체의 관점인양 인식하는 경향이 있다.

상담영역에서 내담자를 설득하는 상담자는 관점 바꾸기에 능통하다.[18] 자신에게 지나치게 간섭하는 엄마가 불만인 청소년일 경우 엄마의 간섭이 자신에게 미치는 장점을 부각하여 엄마의 간섭을 다른 관점에서 보도록 도움을 준다. 막 입사하여 자기 차를 사려고 하는 아들에게 차 구입을 재고하도록 하려할 때는 자동차 구입에 따른 단점을 고려하게 함으로써 지연시킬 수 있다.

틀의 유형과 설득

틀 효과를 이용하여 설득을 할 때 틀의 유형을 고려하면 더욱 효과적이다. '목표 틀'[19]은 어떤 행위를 하면 이득이고 하

---

18) 예) Data and statistics on children's mental health. Centers for Disease Control and Prevention. Reviewed April 19, 2019.
19) Parthasarathy Krishnamurthy, Patrick Carter b, & Edward Blair (2001). Attribute

지 않으면 손실이라는 것을 강조하기 때문에 특정 행동을 유발하는 효과와 관련된다. '목표 틀' 전략은 지정장소에서 흡연하기 또는 운전 중 휴대폰 사용금지와 같은 행위에 대해 두 가지 목표를 도입한다. 행위를 이행했을 때 뒤따르는 이득 획득과 행위를 하지 않았을 때 입게 되는 불이익이다. 즉, '이득 틀'과 '손실 틀'을 사용한다. 행위에 뒤따르는 이득보다 행위를 하지 않았을 때의 불이익을 강조하면 설득효과가 더욱 크다.[20] 하지만 이득과 손실의 틀이라 하더라도 그 이득과 손실이 어느 정도 확실한가에 따라 설득효과는 같지 않다. 이득은 그 크기가 작지만 얻게 될 것이 확실하고, 손실은 만약 피한다면 뒤따르는 이득은 크지만 확실하지 않다면 이득을 택한다.

'손실 틀'은 무언가를 하지 않았을 때 입게 되는 손실에 초점을 맞춘다. 아마 손실 틀은 광고 전략가가 가장 선호하는 전략일 것이다. 광고에서는 특정 행위(예컨대, 자사 제품을 사용하지 않을 때)를 하지 않을 때 입게 되는 손실을 강조한다. 공포소구는 손실 틀을 이용한 가장 널리 사용되는 광고전술이다. 구강청결 제품 광고는 구취로 인해 사회적 관계에서 입게 되는 손해를 강조한다. 금연 공익광고는 흡연으로 인한 심각한 건강문

framing and goal framing effects in health decisions. Organizational Behavior and Human Decision Processes. 85(2), 382-399.

20) Levin, I. P., Schneider, S. L., & Gaeth, G. J. (1998). All frames are not created equal: A typology and critical analysis of framing effects. Organizational Behavior and Human Decision Processes 76, 149-188.

[그림 4-9]

손실 틀: 금연하지 않을 때의 폐해를 제시하는 광고와 이득 틀: 탈취제를 사용할 때의 이점을 제시하는 광고

출처: wikitree.co.kr 출처: tvcf.co.kr

제를 제시하여 금연을 설득한다.

'이득 틀'에서는 어떤 행위를 했을 때 얻는 이점을 강조한다. 이득 틀 만들기를 적용한 구강청결 제품 광고는 구취로 인한 사회적 관계로부터의 피해가 아니라 구취관리를 통해 얻는 원만한 사회 관계상의 이득을 강조한다. 이득 틀과 손실 틀은 동전의 양면이다. 금연행동이라는 설득의 목표를 위해서는 손실 틀과 이득 틀 모두 사용할 수 있다.

'모험선택 틀'은 이득과 손실의 확률이 각 각 다른 두 가지 조건 중에서 하나를 선택하게 한다.[21] 사례를 보자. 먼저 실험참가자에게 다음과 같은 정보를 주었다. "아시아에서 600명의 목숨을 앗아갈 심각한 질병이 발생하여 미국 당국은 이에 대처 하기 위해 질병 퇴치를 위한 의학 프로그램을 개발했고 예상되는 결과는 다음과 같다." 그리

21) Tversky, Amos & Kahneman, Daniel (1986). Rational choice and the framing of decisions. The Journal of Business. 59(S4): S251.

고 질병퇴치 프로그램의 예상 결과를 실험참가자들에게 제
시하였다. 첫 번째 집단의 참가자에게는 다음의 두 가지 예상
결과를 제시하였다. 확률적으로 보면 두 프로그램의 성공확
률은 같다.

- 프로그램 A: 200명을 살릴 수 있다.
- 프로그램 B: 600명 모두를 살릴 확률은 1/3이며, 한 명도
  살리지 못할 확률은 2/3이다.

두 번째 집단의 참여자에게는 동일한 시나리오를 표현을
달리하여 다음과 같은 두 가지 예상 결과를 제시하였다.

- 만약 프로그램 C를 취하면 400명이 사망한다.
- 만약 프로그램 D를 취하면 한 명도 사망하지 않을 확률
  은 1/3 이며 600명 모두가 사망할 확률은 2/3이다.

첫 번째 집단의 경우는 72%가 '프로그램 A'를 선택했다. 하
지만 두 번째 집단에서는 78%가 '프로그램 D'(위의 'B'와 같은
확률이다)를 선택했다. 이 실험은 무엇을 말하는 것인가? 사람
들은 어떤 대상이나 사건의 긍정적인 측면을 부각하면 위험
을 회피하려고 한다. 하지만 부정적인 틀에서 볼 때는 오히려
위험을 추구하려는 성향을 가진다.

이득과 손실은 결과로 정의된다. (예컨대, 게임에서 돈을 잃거

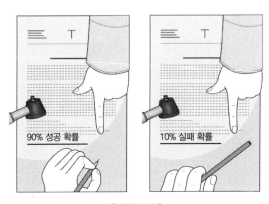

[그림 4-10]
사람들은 이득 보다는 손실에 더욱 민감하다. 하지만 이득 틀이냐 또는 손실 틀이냐
에 따라 이득과 손실추구 성향은 달라진다.

나 따거나, 어떤 백신이 사람생명을 구하거나 그렇지 않거나 등). 이
연구의 결과는 사람들은 이득의 틀에서는 위험을 회피하려하
고, 손실 틀에서는 위험을 추구하는 경향이 있음을 보여준다.

정보수집 편향성과 설득

일정 연령 이상의 모든 국민에게 국가에서 생활비를 지급
하는 제도를 시행하려고 한다. 이러한 제도에 대해 찬성하는
사람과 반대하는 사람을 구분한 뒤 각 집단별로 이 제도의 장
점과 단점을 연구한 결과를 두 집단 모두에게 제시하였다. 장
점과 단점을 제시한 연구결과는 생활비 지급제도에 대한 이

들의 최초 의견에 변화를 줄까?

인간은 합리적이기 때문에 이 제도의 장점과 단점에 관한 연구결과를 편향되지 않고 동등하게 검토할 것이라고 생각한다. 하지만 실제는 그렇지 않다. 신념은 기존의 생각을 더욱 공고히 하는 경향이 있다.[22] 생활비 지급제도를 애초에 찬성하는 사람들은 자신의 신념을 지지하는 연구결과만 합당한 것으로 받아들이고 자신의 신념과 일치하지 않는 연구결과는 다양한 이유를 대며 무시하거나 배척한다.

유사한 맥락에서, 우리는 대상을 판단할 때 합리적으로 판단하기 위해 치우침 없이 정보를 수집할까? 사람들은 어떤 대상이나 사건과 관련하여 이미 어떤 신념이나 기대를 가지면 정보의 수집은 편향된다. 즉 자신의 신념과 일치하는 정보에 더 주의를 기울이고 그 정보를 더욱 가치 있는 것으로 평가한다. 자신의 신념과 일치하지 않는 정보는 무시하거나 평가절하한다. 설득의 효과를 거두려면 이러한 편향성을 이해해야만 한다.

특정 대상이나 사건 또는 이슈에 대해 우리가 어떤 신념이나 잠정적인 답을 가지고 있으면 정보를 찾거나 선택하고 또 해석하고 평가하는 것은 편향되기 쉽다. 자신의 기존 신념이나 기대를 강화하는 방향으로 편향된다. 기존 신념 등이 강하면 강할수록, 특히 정서적으로 몰입되면 편향성은 더욱 심화한다.

---

22) Plous, Scott (1993). The psychology of judgment and decision making.

우리는 기존의 신념이나 기대를 수정하기보다는 유지하고
강화하려는 경향이 우세하다. 사람들은 중립적이고 규범적인
정보처리의 중요성보다는 자신이 틀렸다고 인정하는데 따르
는 비용에 더욱 민감하다. 이런 현상은 특정 분야의 전문가라
하더라도 예외가 아니다.[23] 어떤 이슈에 대해 반대하는 입장
을 지닌 경우는 새로운 정보를 편향되게 해석하거나 자신의
입장에 배치되는 정보를 아예 무시하고 회피한다. 특정 정당
을 지지하는 유권자는 지지정당을 비판하는 정보를 원천적으
로 차단하거나 회피한다. 흡연의 정당성을 고수하는 끽연가
는 흡연의 폐해에 대한 정보에 노출되는 것을 회피함으로써
기존 입장은 더욱 강화된다. 이런 과정이 반복되면 이슈에 대
한 태도는 더욱 극화된다.[24]

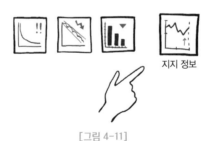

[그림 4-11]
사람들은 자신의 기존 신념이나 기대를 지지하는 정보에 선택적으로 집중하고 수집
하는 경향을 보인다.
출처: dataschool.com

23) Lee, C.J., Sugimoto, C.R., Zhang, G., & Cronin, B. (2013), Bias in peer review, J
    Am Soc Inf Sci Tec, 64, 2-17.
24) Kuhn, Deanna, & Lao, Joseph (1996), Effects of evidence on attitudes: Is
    polarization the norm?, Psychological Science, 7(2), 115-120.

원인추론과 설득

우리는 기본적으로 주위에서 벌어지는 일들을 이해하려는 욕구가 있다. 세상을 이해함으로써 주변에서 일어나는 일들을 예측하고 준비태세를 갖추고 통제할 수 있다는 심적 안정감을 가진다.[25] 이는 인간의 생존에서 매우 중요한 역할을 한다. 이러한 성향과 밀접하게 관련된 현상으로 어떤 행동이나 (자신 또는 타인의) 사건에 대해 그 원인이 무엇인지를 추론하는 심적 과정을 들 수 있다.[26]

우리가 행동이나 사건의 원인을 추론하는 방식은 두 가지이다.[27] 면접에서 지원자가 지각을 했다고 하자. 면접관은 물론 이 지원자를 알지 못한다. 면접관은 지원자의 지각에 대해 어떻게 생각할까? 즉 지원자가 지각한 '원인'이 무엇이라고 생각할까? 한 가지는 지하철 고장이나 도로상황 때문에 늦었을 거라고 추론하는 것이다. 다른 한 가지는 지원자가 면접을 중요하게 생각하지 않는다거나, 성격이나 기질 자체가 게으르

---

25) Moskowitz, G. B. (2005). Social cognition: Understanding self and others. NewYork, NY: Guilford Press.
26) 이러한 추론 과정을 '귀인(attribution)'이라고 한다. 이 이론은 사람들이 자신 또는 타인의 행동 그리고 사건의 원인을 어떻게 설명하는지에 대한 방식에 관한 것으로 프리츠 하이더(Fritz Heider), 해롤드 켈리(Harold Kelley), 에드워드 존스(Edward E. Jones) 등에 의해 제안되었다.
27) Heider, F (1958). The psychology of interpersonal relations. New York: Wiley.

고 책임감이 없기 때문에 지각했을 거라고 추론하는 것이다. 지각의 원인을 상황요인의 탓으로 추론한다면 면접에 그다지 부정적인 영향을 미치지는 않겠지만 지원자의 기질적 요인 탓으로 돌린다면 이미 면접결과는 정해진 것이나 다름없다.

신문에서 택배기사가 고객을 폭행했다는 사건기사를 접했다고 하자. 어떤 독자는 폭행의 원인을 택배기사의 업무 환경으로 인한 스트레스나 택배기사에 대한 고객의 불친절 탓으로 추론할 수 있다. 혹은, 택배기사의 기질이나 성향 자체를 폭행의 원인으로 돌릴 수도 있다. 전자는 폭행의 원인을 상황 탓으로 돌리는 것이며, 후자는 택배기사의 기질요인 탓으로 돌리는 것이다. 이처럼 어떤 행동이나 사건의 원인을 추론하는 방식은 외적인 '상황 탓'과 내적인 '기질 또는 성향 탓'으로 구분한다.[28]

원인을 어디로 돌리느냐는 설득에 영향을 미치는 중요한 요인이다. 부정적인 상황(예컨대, 식품에서 이물질이 나온다거나 사용 원료가 문제가 있다거나)으로 위기에 처하는 것은 피할 수 없는 기업의 운명이기도 하다. 한 연구[29]는 기업이 부정적인 상황에 처했을 때 대처방식은 고객이 상황의 원인을 어디로 돌리느냐에 따라 달라야 한다는 것을 보여준다. 기업에 충성

---

28) Myers, David G. (2010). Social psychology (10th ed.). New York, NY. 행동이나 사건의 원인을 개인의 성향이나 기질 탓으로 돌리는 것을 '내귀인(internal attribution), 상황 탓으로 돌리는 것을 '외귀인(external attribution)이라 한다.

29) Reilly, Timothy M (2014). An attribution theory model of consumer behavior in times of marketing crisis. ETD collection for University of Nebraska-Lincoln.

도가 높은 고객과 그렇지 않은 고객의 원인추론은 다르다. 충
성도가 높은 고객은 부정적인 사건의 원인을 외적인 상황 탓
으로 돌려서 부정적인 반응을 덜 보였다. 반면에 기업에 관심
이 없거나 애착이 낮은 고객은 기업 자체가 문제가 있다고 추
론하고 더욱 부정적으로 반응하였다. 이러한 결과는 고객의
유형에 따라 위기상황이 발생할 때 기업 이미지를 관리하기
위한 설득전략이 달라야 함을 말한다.

   제품에 대한 불만을 경험할 때 소비자가 제품불만의 원인
을 무엇으로 추론하는지에 따라 재구매는 직접적인 영향을
받는다. 항공기 지연에 대한 원인추론의 영향을 밝힌 연구에
의하면 항공기 지연의 원인을 통제 가능한 요인(허술한 경영
탓)으로 추론했을 때는 통제 불가한 요인(기상 조건 등)으로 추
론했을 때에 비해 항공사 재이용 의사는 유의하게 낮았다.[30]
항공기 지연과 같은 제품실패가 일회성인지 아니면 지속적인
지도 재구매 의사에 영향을 미친다. 항공기 지연의 원인을 어
쩌다 발생한 일회성 사건으로 돌릴 때에 비해 지속적인 사건
으로 돌릴 때는 불만이나 재이용 의사는 떨어진다.[31]

   귀인은 영업사원의 설득메시지 효과에도 영향을 미친다.
영업사원이 어떤 제품에 대한 구매추천을 할 때 그 추천이 영

30) Brickman, Phillip, Vita Corelli Rabinowitz, Jurgin Karuza, Dan Coaxes, Ellen
    Cohn, & Louise Kidder (1982). Models of helping and coping. American
    Psychologist, 37(4), 368-384.

31) Folkes, Valerie (1984). Consumer reactions to product failure: An attributional
    approach. Journal of Consumer Research, 10(March), 398-409.

업사원의 진정한 제품에 대한 신뢰에 의한 것이라고 생각하는 것과 제품판매에 따른 보상금이나 기업의 정책 때문이라고 생각하는 것 간에는 상당한 차이가 있다. 구매추천이유를 영업사원의 내적요인으로 돌릴수록 설득효과는 커진다.[32]

특정한 행동을 하게 하려면 메시지를 통해 직접적인 요청을 하기보다는 원인추론을 이용한 간접적인 방식이 더욱 효과적임을 보여주는 연구가 있다.[33] 학생들이 교실을 항상 청결하게 유지하고 방과 후에는 청소를 하도록 하려면 어떤 방법이 효과적일까? 한 집단의 학생에게는 "너희들은 단정하고 깔끔해야한다."는 말을, 다른 한 집단의 학생에게는 "너희들은 언제나 단정하고 깔끔하다."는 말을 반복적으로 하였다. 행동변화를 보인 것은 단지 너희들은 단정하고 깔끔한 학생이라는 말을 했을 때이다. 이 연구가 보여 주듯, 설득이 성과를 거두지 못하는 이유 중의 하나는 설득대상이 부정적으로 원인추론을 하도록 만들기 때문이다(예컨대, 사람은 이러 저러해서는 안 돼!). 하지만 "교실을 청결하게 유지해야 돼"와 같은 지시 때문에 특정 행동을 하는 것이 아니라고 추론하게 하면 더욱 효과적이다.

---

32) Robert Baer (1990). Overestimating salesperson truthfulness: The fundamental attribution error. Advances in Consumer Research, 17, 501-507.

33) Miller, R. L., Brickman, P., & Bolen, D. (1975). Attribution versus persuasion as a means for modifying behavior. Journal of Personality and Social Psychology, 31(3), 430-441.

원인추론 오류

편향되지 않으려면 가능한 모든 원인을 고려하여 추론하거나 판단해야 한다. 하지만 우리는 가능한 신속하게 그리고 정신적인 에너지를 덜 소비하는 방식에 의존하는 경향이 있다. 또한 다른 사람의 행동의 원인을 추론할 때 그 사람을 둘러싸고 있는 상황이나 환경요인에 대해 충분한 정보를 가지기란 쉽지 않다. 상황이나 환경요소에 비해 개인의 성향이나 기질이 더 두드러지게 인식된다는 점도 작용한다. 이러한 점들 때문에 우리는 행동의 원인을 추론할 때 상황요인을 고려해야 함에도 불구하고 이를 무시하고 개인의 성향이나 기질요인 탓으로 돌리는 오류를 저지른다.[34][35]

원인을 추론하는 방식은 타고난다기보다는 성장하면서 사회화를 통해 습득하는 것이다. 만약 성장하는 문화적 배경이 다르다면 원인추론에서 발생하는 오류의 유형에서도 차이를 보인다.[36] 문화차이를 연구할 때 가장 일반적인 기준은 개인

---

34) Ross, L. (1977). The intuitive psychologist and his shortcomings: Distortions in the attribution process. In L. Berkowitz(Ed.), Advances in experimental social psychology 10, 173-220. New York: Academic Press.

35) 상황이나 환경요인을 무시하고 개인의 성향이나 기질 탓으로 원인을 돌리는 편향을 '근본귀인오류(fundamental attribution error)'라 한다.

36) Morris, Michael W., Richard E. Nisbett, & Kaipeng Peng (1995). Causal attribution across domains and cultures. In causal cognition: A Multidisciplinary debate. Symposia of the Fyssen Foundation. Eds. Dan Sperber and David Premack. New York: Clarendon/ Oxford University Press, 577-614.

주의 문화와 타인 또는 집단주의 문화 구분이다. 문화차이를 규명하는데 관심을 둔 여러 연구결과를 보면 동일한 행동에 대해서도 개인에게 책임을 묻는 개인주의 문화에서는 행동의 원인을 개인의 성향 탓으로 돌리는 경향이 있고, 관계중심의 집단주의 문화에서는 상대적으로 상황요인을 더 많이 고려한다. [37]

　서비스 장면에서 직원이 불친절한 행동을 할 때 행동의 원인을 추론하는 방식이 문화에 따라 차이가 있는지를 살핀 연구가 있다. [38] 이 연구에서는 고객 유형을 개인중심주의와 타인중심주의로 구분하고 서비스가 불만족스러울 때 어떤 원인추론 양상이 나타나는지 보고자 하였다. 첫 번째 실험에서는 아무런 조건을 조성하지 않았다. 이 경우에는 불만족스러운 서비스의 원인을 모두 서비스 직원의 성향 탓으로 돌렸다. 두 번째 실험에서는 입장을 바꾸어 생각하는 기회를 주고 불만족스러운 서비스의 원인추론을 어떻게 하는지 살펴보았다.

---

37) 예: 1) Markus, Hazel Rose, & Shinobu Kitayama(1991). Culture and the self: Implications for the cognitive, emotion, and motivation. Psychological Review 98, 224-253. 2)Miller, Arthur G.(1984). Culture and the development of everyday social explanation. Journal of Personality and Social Psychology 46, 961-978. 3) Morris, Michael W. , Richard E. Nisbett , & Kaipeng Peng (1994). Culture and Cause: American and Chinese Attributions for Social and Physical Events. Journal of Personality and Social Psychology 67(6), 949-971.

38) Elizabeth Cowley (2005). Views from consumers next in line: The fundamental attribution error in a service setting. Journal of the Academy of Marketing Science. 33(2), 139-152.

개인중심주의 고객은 입장을 바꾸지 않고 직원의 성향 탓을
하였다. 하지만 타인중심주의 고객은 상황요인을 고려하는
경향을 보였다.

핵심과 적용

- 설득대상은 주관적 해석자이며 설득 메시지를 편향되게 처리할 가능성이 높은 존재임을 항상 염두에 두라.

- 상향식 정보처리와 하향식 정보처리의 차이를 이해하자. 당신의 설득 메시지가 두 가지 방식 중 어떤 식으로 처리될 것인지를 고려하고 설득 전략을 수립하자.

- 대부분의 설득장면에서는 하향식 처리가 우세함을 염두에 두고 전략을 수립하는 편이 낫다.

- '맥락 효과'를 잘 이용한다면 설득효과를 배가할 수 있다. 설득 전략을 수립하기 전에 어떤 맥락의 효과를 활용할 것인지 충분히 고려하자.

- 정보처리 때 발생하는 다양한 '편향'에 대해 숙지하자. 편향성은 특히 당신의 설득효과를 저해하는 것을 사전에 방지하는 데 중요한 역할을 한다.

5

정보의
순서효과와
설득

당신이 어떤 사람이나 대상 또는 사건에 대해 현재 가지고 있는 이미지나 느낌 또는 평가는 얼마나 편향되지 않고 정확할까? 당신이 친구나 동료에 대해 가지는 느낌이나 평가는 특정 정보에 편향되지 않고 객관적일까? 아마 당신은 어떤 대상에 대해 접하는 정보들은 그 대상에 대한 초기의 정보이건 또는 그 이후로 경험한 정보이건 모두 동일한 중요도로 편향되지 않게 받아들인다고 생각할 것이다. 과연 그럴까? 어떤 대상에 대한 판단이나 평가가 정보의 순서에 따라 어떻게 왜곡되는지 그리고 설득에는 어떻게 영향을 미치는지 알아보자.

두 가지 기억체계

인간의 기억현상에 대해 관심을 가진 심리학자는 '기억의 순서효과'를 연구하였다.[1] 일련의 단어를 순차적으로 제시하고 암기하도록 한다. 그 결과, 사람들은 처음에 제시된 단어

---

1) Murdock, Bennet (1962). Serial position effect of free recall. Journal of Experimental Psychology. 64(5): 482-488.

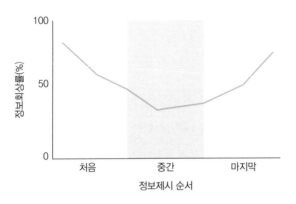

[그림 5-1] **기억의 위치효과**
처음과 마지막에 제시된 정보를 더 잘 기억한다.

들과 마지막에 제시된 단어들을 중간에 제시된 단어보다 더
잘 기억한다([그림 5-1]).

처음에 제시된 단어와 마지막에 제시된 단어들의 기억이
더 우수한 것은 인간의 기억체계가 구분되기 때문이다. 하나
는 반복 또는 되뇌이기에 의해 정보가 오래도록 저장되는 '장
기기억체계'이고 다른 하나는 막 입력되고 있는 정보들을 순
간적으로 머물게 하고 처리하는 '작업 기억체계'이다.[2] 막 입
력된 정보에 대해서는 되뇌이기 같은 정신적인 활동을 한다.
그러면 이 정보는 장기기억 체계로 이동한다. 장기기억 체계
로 이동한 정보는 비교적 잘 유지되기 때문에 기억될 확률도
높아진다. 마지막에 제시된 정보는 처음에 제시된 정보와는

2) Miyake, A, & Shah, P., eds. (1999). Models of working memory. Mechanisms of
   active maintenance and executive control. Cambridge University Press.

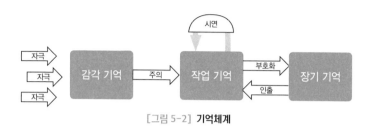

[그림 5-2] **기억체계**

달리 장기기억 체계로 이동하지는 않았지만 막 입력되었기에
손쉽게 접근하여 기억한다.

메시지 배치

흑인 인권운동의 아버지로 불리는 마틴 루터 킹이 1963년
8월 28일 미국 워싱턴 DC에서 행한 명연설은 지금도 회자되
고 있다. 아마 그를 기억하는 대부분의 사람들은 연설의 자세
한 내용은 떠올리지 않지만 이것 하나는 기억한다. "I Have
a Dream." 버락 오바마 전 미국 대통령의 연설 역시 명연설
로 기억된다. 하지만 우리 대부분이 기억하는 것은 "Yes We
Can."일 것이다.

명연설가의 연설을 잘 살펴보자. 한 가지 공통점이 있다.
청중의 주의를 끌거나 가장 중요한 메시지를 연설 초두에 던
진다. 이어서 초두에 제시한 메시지에 대한 설명이나 근거를
제시한다. 그리고 연설의 마지막에는 앞서 내용들을 기억하

기 좋은 한 두 문장으로 마무리한다. 효과적인 설득 메시지는 명연설과 동일한 구조를 가진다. '광고 슬로건'으로 알려진 광고의 끝에 제시되는 메시지도 연설의 마지막 부분과 동일한 기능을 한다.[3]

설득효과에서도 정보의 순서는 심대한 역할을 한다. 그런데 설득에서는 어떤 대상에 대한 최초의 정보가 최근에 접한 정보에 비해 더 큰 역할을 한다. 아래 문장은 어떤 사람을 묘사하고 있다.

"A는 친구와 산책하던 중에 맞은편에서 귀족 몇 명이 걸어오는 것을 보았다. 친구는 저들에게 굳이 길을 비켜줄 필요가 없다고 이야기 했지만 A는 이에 동의하지 않고 그들에게 길을 비켜주며 모자까지 벗고 허리 숙여 인사했다."

당신은 A라는 사람에 대해 어떻게 생각하는가? A에 대해 당신은 어떤 인상을 가지는가? A는 독일의 작가이자 철학자인 괴테이다. 이제 괴테라는 것을 알고 위의 기술문을 읽는다면 A라는 사람에 대한 당신의 인상은 처음과 같은가 아니면 변화가 있는가? 아마 처음에 A에 대해 가졌던 것과는 다른 인상을 가지게 되었을 가능성이 크다. 왜 그럴까?

---

3) Ferguson, Dave, Dave's White Board, Primacy/recency, or, first (and last) things last http://www.daveswhiteboard.com/archives/2589

많은 사람들은 괴테에 대해 한번쯤 들어보았을 것이고 그가 얼마나 위대한 인물인지 안다. 당신도 예외는 아닐 것이다. 괴테에 대해 이미 당신의 기억에 있는 정보 즉 괴테에 대한 '첫 인상'은 앞에서 예를 든 단어제시 실험에서 처음에 제시되어 기억에 저장된 정보와도 같다. 우리가 가진 어떤 대상(사람, 사건, 상품 등)에 대한 첫 인상은 그 대상에 대해 이후에 접하는 정보를 해석하는데 심대한 영향을 미친다.

처음 접하는 정보의 힘

최초에 접하는 정보가 사람에 대한 인상을 형성하거나 판단하는데 어떠한 효과를 가지는지를 다룬 연구[4]를 보자. 먼저, 어떤 사람의 성격을 나타내는 형용사 목록을 제시한다. 집단별로 제시한 형용사들은 같았으나 다만 형용사 항목을 제시하는 순서를 달리하였다. 한 집단에는 긍정적인 성격에 관한 형용사를 처음에 제시하고 뒤이어 부정적인 것과 중립적인 형용사 항목을 제시하였다. 다른 한 집단에는 순서를 달리하여 부정적인 형용사를 처음에 제시하고 긍정적인 것과 중립적인 형용사는 나중에 제시하였다. 전체적으로 보자면 한 사람의 성격을 기술하는 내용(형용사)이 동일하니 당연히

---

4) Asch, S. E. (1946). Forming impressions of personality. The Journal of Abnormal and Social Psychology. 41(3): 258-290.

그 사람에 대한 평가도 같지 않을까? 하지만 결과는 그렇지 않다. 어떤 형용사를 먼저 제시하느냐에 따라 인물에 대한 평가가 상당한 차이를 보인 것이다. 긍정적인 성격 특성을 먼저 제시했을 때가 부정적인 성격 특성을 먼저 제시한 집단에 비해 인물을 더 호의적으로 평가하였다. 반대의 경우도 마찬가지였다. 이러한 결과는 바로 '초두효과' 때문이다.

　어떤 성격 특성이 처음에 제시되면 이 정보는 마치 배가 정박할 때 사용하는 닻(anchor)의 역할을 한다.[5] 뒤따르는 성격 특성은 처음 제시된 성격 특성의 영향을 받아 조정된다. 당신이 어떤 가전 브랜드에 대해 '성능에 문제가 많다'는 인상을 가진다고 하자. 그런데 '365일 애프터서비스'를 시행한다는 그 브랜드의 광고를 보았다면 이 광고메시지를 어떻게 받아들일까? 아마 당신은 그 광고를 보고 '고객 서비스에 신경을 많이 쓰는구나'라고 생각하기보다는 '정말 제품성능에 문제가 많은가 보네'라고 생각할 가능성이 크다. 대상에 대해 어떠한 지식이나 신념 또는 기대를 가지느냐에 따라 뒤따르는 정보에 대한 판단과 평가는 달라진다.

　수면무호흡증을 겪는 환자들이 새로 개발된 수면요법을 수용하도록 설득하려면 초두효과를 이용하는 것이 설득에 더욱 효과적이라는 것을 밝힌 연구가 있다.[6] 환자들에게 수

5) Hogarth, R. M. & Einhorn, H. J. (1992). Order effects in belief updating: The belief-adjustment model. Cognitive Psychology. 24(1): 1-55.

면무호흡 치료법에 대한 정보를 제시했다. 그리고 환자에 따라 치료법에 대한 정보를 제시하는 순서를 다르게 하였다. 다른 제시 순서와 비교했을 때 환자들의 수면에 대한 가치관과 일치하는 정보를 처음에 제시했을 때 치료법을 수용하는 비율은 증가하였다.

만약 누군가에게 제품을 구매하도록 설득해야 한다면 고객이 당신에게 가지는 최초 인상이 성공을 좌우한다고 해도 과언이 아니다. 고객이 첫 만남에 대해 그다지 좋지 않은 인상을 받았다면 당신이 제시하는 정보들에 대해서도 마음을 열지 않을 위험이 도사린다. 물론 당신에 대한 인상을 바꾸는 것도 쉽지 않다. 시간적인 거리를 두고 재차 시도를 하더라도 크게 바뀌기는 힘들다. 그 시간 동안 당신의 첫 인상은 더욱 응고되었을 것이기 때문이다.

우리는 세상을 조화롭게 보아서 균형을 유지하려는 경향이 있다. 어떤 대상에 대한 인상은 그 대상에 관한 여러 정보들의 총화이다. 총화는 '조화롭고 의미 있는' 방식에 토대한 대상에 대한 총체적인 인상이다. 어떤 대상에 대해 다양한 정보와 마주치다 보면 서로 일관성이 없는 정보에 마주치기도 한다. 이럴 경우에는 첫 인상과 불일치하는 정보들은 어떤 형태로든 첫 인상에 의해 조정되어 조화와 균형을 유지하려고 한

---

6) Bansback, N., Li L. C., Lynd, L. & Bryan S. (2014). Exploiting order effects to improve the quality of decisions. Patient Education and Counseling. 96(2): 197-203.

[그림 5-3] **초두효과의 역할**

다. 또한 어떤 대상에 대해 첫 인상을 형성하면 그 대상에 대
한 후속적인 정보의 영향력은 상대적으로 약화된다. 후속 정
보에는 주의를 덜 기울이기 때문이다.[7]

초두 정보로서 외모의 효과

얼굴은 사람을 만날 때 가장 두드러지고 재빨리 지각되는
신체의 한 부분이다. 이는 얼굴이 상대에 대한 최초 정보로
초두효과와도 무관하지 않다는 것을 시사한다.

커뮤니케이션에서 신체외모가 설득력을 배가한다는 최초
의 과학적인 연구는 1960년대에 발표되었다.[8] 상대가 자신을
설득하려는 의도를 가진다고 생각할 때는 설득효과가 거의

7) Anderson, N. H. (1981). Foundations of information integration theory. New
   York: Academic Press.
8) Mills, J., & Aronson, E. (1965). Opinion change as a function of the
   communicator's attractiveness and desire to influence. Journal of Personality and
   Social Psychology, 1(2), 173-177.

나타나지 않았다. 하지만 단지 상대의 신체 외모가 매력적일 때는 설득효과가 나타난다는 사실을 발견했다. 사람을 외모로 판단해서는 안 된다고 알고 있지만 많은 연구들에 의하면 사회생활에서 외모, 특히 '매력적인 얼굴'이 설득에 미치는 영향은 과소평가할 수 없다.

　매력적인 얼굴에 대한 판단은 주관적이지만 대체로 이목구비가 뚜렷하고 균형이 잘 잡혔을 때 매력적인 얼굴로 판단하는 경향이 있다. 한 연구[9] 에서는 다양한 남성과 여성의 얼굴 사진을 이용해 실험참가자가 어떤 얼굴을 가장 매력적으로

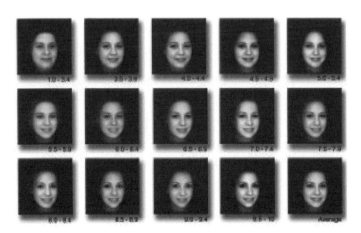

[그림 5-4]
어떤 얼굴이 가장 매력적인가? 평균에 수렴하는 얼굴을 가장 매력적으로 평가한다.
(우 하단의 사진)

9) Langlois, J. H., & Roggman, L. A. (1990). Attractive faces are only average. Psychological Science, 1, 515-521.

판단하는지 알아보았다. 참가자는 어떤 한 얼굴에 조금씩 변화를 준 십여 개의 얼굴사진을 보았는데 십여 개 얼굴의 평균 형태에 가까운 얼굴(그림 5-4에서 우측 하단에 있는 사진)이 가장 매력적이라고 평가했다. 평균적인 얼굴은 최적의 균형성도 가지지만 가장 친숙하게 지각되기 때문이다.

얼굴은 사회생활에서 적응적 가치가 큰 정보이다. 다시 말해, 얼굴은 상대를 판단하고 평가하는 중요한 정보 단서 중 하나로 작용한다. 예컨대, 귀여운 얼굴은 쉽게 다가가고 도움을 주는 행위를 촉발한다.[10] 분노한 얼굴은 방어적이며 회피하려는 반응을 촉진한다.[11] 매력적인 얼굴은 다른 요인을 판단하는 데도 긍정적인 후광효과(halo effect)를 발휘한다. 매력적인 얼굴의 사람은 실체와는 무관하게 사교적이고 사회적으로도 능력 있고 똑똑하며 그리고 건강하다고 판단하는 경향이 있다.[12]

매력적인 얼굴이 가지는 후광효과는 뇌 활동에서도 대응하는 현상이 관찰되었다. 매력적인 얼굴을 볼 때 우리 뇌는 그 사람에 대해 포괄적인 판단을 먼저 한다. 그리고는 다양한 특성의 판단에 대한 근거로 사용한다.[13]

---

10) Berry D S, & McArthur L Z.(1986). Perceiving character in faces: The impact of age-related facial changes on social perception. Psychological Bulletin. 100, 3-18.

11) Balaban M. T.(1995). Affective influences on startle in five-month-old infants Reactions to facial expressions of emotion. Child Development. 58, 28-36.

12) Zebrowitz L, A, Hall J, A, Murphy N, A, & Rhodes G.(2002). Looking smart and looking good: Facial cues to intelligence and their origins. Personality and Social Psychology Bulletin. 28, 238-249.

매력적인 외모가 긍정적인 정서반응을 유발하는데 우리의 뇌가 직접적으로 관여한다는 것을 규명한 연구가 있다. 이 연구[14]는 뇌전도[15] 측정을 사용하여 매력적인 대상을 볼 때 실제 더 많은 주의를 기울이고 더욱 긍정적인 정서반응을 생성하는지 확인하고자 했다. 15명의 참여자를 대상으로 일련의 외모 사진을 보여준 뒤 얼마나 아름다운지 판단하도록 하였다. 참여자가 아름답다고 판단한 대상을 볼 때 실제 그들의 뇌에서는 주의와 정서에 관여하는 뇌 부위가 더욱 활성화하는 것을 관찰하였다.

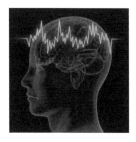

[그림 5-5]
매력적인 얼굴을 볼 때 우리의 뇌에서도 상응하는 변화가 일어난다.

─────────────

13) 예컨대, Daniel Yaroshi (2016). The Neuroscience of personal appearance and beauty.

14) Mei-chun C., Derry L., & Joanne Y. (2014). Evaluating aesthetic experience through personal-appearance styles: A Behavioral and Electrophysiological Study. A Behavioral and Electrophysiological Study. PLoS ONE, 9(12), 1-22.

15) EEG(electroencephalography): 뇌의 전기적 활동의 신경생리학적 측정방법으로 두피에 부착한 전극을 통해 뇌신경 사이에 신호가 전달될 때 생기는 전기의 흐름을 통해 뇌의 활동을 측정한다.

얼굴매력이 촉발하는 이러한 효과는 경험에서 형성되어 전해지는 고정관념과도 강한 관련을 가진다. '아름다운 것이 좋은 것'이라는 말은 매력적인 얼굴에 대한 우리의 고정관념을 표현한다. 매력적인 사람에 대해서는 그 사람의 능력, 지위, 성격 그리고 행복 등 다양한 차원에서 긍정적인 평가를 하는 경향이 있다.[16]

그렇다면 얼굴매력은 설득에 어떻게 영향을 미칠까? 파츠(Patzer)는 네 가지 가설을 제안했다.[17]

첫째, 얼굴매력은 다양한 생각을 일으킨다. 설득메시지를 던지는 사람의 얼굴매력을 토대로 추론을 하고 이것이 설득에 영향을 미친다.

둘째, 얼굴매력은 설득메시지를 던지는 사람에 대한 추론을 통해 설득에 영향을 미치지만 이런 과정은 의식적인 생각 없이 일어난다.

셋째, 얼굴매력은 설득메시지를 던지는 사람에 대한 긍정적인 감정을 일으키고 이는 메시지에 전이되어서 설득메시지에 대해서도 긍정적으로 반응함으로써 설득효과를 유발한다.

넷째, 얼굴매력은 '동일시 효과'를 유발하여 설득메시지를 던지는 사람과 동일시하려는 동기를 높이고 이로 인해 설득효과가 유발된다. 이들 가설 중에서 널리 받아들여지는 것은

16) Dion K., Berscheid E., & Walster E. (1972). What is beautiful is good. Journal of Personality and Social Psychology 24(3), 285-290.
17) Patzer, Gordon L (1985). The Physical attractiveness phenomena. Springer.

두 번째 가설이다. 매력적인 얼굴은 자동적이며 무의식적으로 긍정적인 추론을 유발한다.

한 연구[18]에서, 의견조사에 응한 79%의 사람들은 범죄 피의자에 대한 배심원의 결정은 피의자의 과거 범죄경력이나 특성의 영향을 받을 수 있다고 응답했다. 그리고 93%의 사람들은 피의자의 신체 외모가 배심원 결정에 결코 영향을 주어서는 안 된다고 응답했다. 하지만 피의자의 외모를 조작한 실험 결과는 전혀 달랐다. 피의자의 얼굴이 매력적일 때는 비매력적일 때에 비해 실제 범죄를 저질렀을 가능성을 낮게 보았고 낮은 형량을 권고했다. 우리나라에서도 이와 유사한 연구가 수행되었다.[19] 실험참가자에게 현상수배자의 얼굴 사진을 제시하고 형량을 예측하게 했을 때 현상수배자의 얼굴이 매력적이면 낮은 형량을 구형했다. 매력적인 외모의 설득효과는 학교장면에서도 보고되었다. 학생들이 수업진행자를 매력적이라고 지각한 경우에는 그렇지 않은 수업진행자에 비해 수업진행자의 지시를 더 잘 따랐고 학생들의 학업수행도 향상되었다.[20]

18) M. G. Efran (1974). The effect of physical appearance on the judgment of guilt, interpersonal attraction, and severity of recommended punishment in a simulated jury task. Journal of Research in Personality, 8(1), 45-54.

19) 고재흥(1994). 가해자의 외모와 형량판단 간의 매개과정. 한국심리학회지: 사회, 8(1), 68-84.

20) Shelly Chaiken (1979). Communicator physical attractiveness and persuasion. Journal of Personality and Social Psychology, 37(8), 1387-1397.

　　사람과 컴퓨터간의 상호작용이 점차 증가하고 게임은 물론 교육 등 다양한 장면에서 가상인물의 사용이 확대되고 있다. 가상공간에 등장하는 인물도 설득효과를 가질까? 한 흥미로운 연구[21]에서는 가상공간에 등장하는 인공적인 인물이 사용자에게 설득효과를 가지는지 알고자 하였다. 인공적인 인물의 매력도를 실험적으로 조작하자 인공인물이 매력적일수록 참여자는 기꺼이 의견을 변화하는데 동의하였으며 심지어 호의적인 행동변화까지 이끌어내었다.

21) R. F. Khan, & A. G. Sutcliffe (2014). Attractive agents are more persuasive. International Journal of Human-Computer Interaction 30(2), 142-150

핵심과 적용

- 당신에 대한 첫인상이나 처음 정보의 영향력이 얼마나 강력한지 염두에 두자. 설득대상이 당신의 기업이나 제품 또는 이슈에 대해 어떠한 첫인상을 가지는지를 파악해야 한다.
- 첫인상이나 처음 정보는 당신의 설득효과를 높일 수도 있고 방해할 수도 있다는 점을 염두에 두라.
- 설득대상은 당신의 메시지에 균등하게 주의를 배분하지 않는다. 중요한 메시지는 기억효과를 최대화하는 방식으로 배열하라.
- 당신의 입장에서 메시지를 구성하지 말라. 친절해야 한다. 중요한 메시지는 설득대상이 기억하기 용이하게 정리하여 강조하라.
- 대면 설득장면이라면 외모의 영향력을 과소평가하지 말라. 외모의 영향력을 아는 것만으로도 설득전략을 좀 더 효과적으로 설계할 수 있다.

6

의식 밖에서
일어나는
설득

간단한 실험 하나를 보자. 제시된 단어가 무엇인지 재빨리 알아맞히는 테스트를 한다. 실험참가자에게 어떤 단어를 순간노출기[1]로 매우 짧은 시간 순간적으로 제시한 뒤에 제시된 단어가 무엇인지 알아채면 버튼을 누르면 된다. 그런데 이 실험의 핵심은 버튼 누르기 반응을 해야 하는 단어를 제시하기 직전에 다른 단어를 보여 주는데 있다. 어떤 참가자는 '전쟁'이라는 단어를 먼저 보여주고 곧바로 '무기'라는 표적단어를 순간노출기를 통해 제시하였다. 다른 피험자에게는 '전쟁'이라는 동일한 단어를 먼저 제시하지만 이번에는 '무기'가 아닌 '학교'라는 표적단어를 순간노출기를 통해 제시하였다. 이 경우에 '무기'와 '학교' 중, 단어를 알아차리고 버튼을 누르는데 걸린 반응은 어느 쪽이 더 빠를까? 답은 바로 '무기'이다. 직관적으로, 무기에 대한 반응이 더 빠르다는 것을 알 수도 있다. 그렇다면 이러한 결과를 가능하게 하는 구체적인 심리학적 매커니즘은 무엇일까? 지금부터 흥미로운 주제를 살펴볼 것이다. 이 주제가 설득효과에 어떤 영향을 미치는지 알게 될 것이다.

---

1) 매우 짧은 시간 순간적으로 이미지를 제시하는 장치이다. 의식적으로 인식하기에는 너무 빠른 것을 제시하여 자극의 어떤 요소를 기억하는지 등을 테스트하는 데 사용한다.

정보망의 확산

앞 장에서 알아본 것과 같이 우리 머릿속의 정보들은 개별적으로 저장되기보다는 망(네트워크)의 형태로 저장된다. 그렇기 때문에 하나의 정보를 생각하면 이 정보와 연결된 생각들이 '자동으로' 촉발된다. 당신이 친구를 보면 친구와 관련된 다양한 생각, 즉 정보가 촉발된다. 하지만 친구와 관련된 모든 정보가 같은 정도로 촉발되지는 않는다. 경험 등에 의해 더 강하게 연결된 정보가 더 빨리 촉발된다. 이런 현상은 자동으로 일어나며 우리가 의식적으로 자각하고 통제하기란 불가능하다.

'전쟁'이라는 단어를 보는 순간 머릿속에서는 전쟁과 관련된 정보들이 서로 연결된 망으로 작동한다. '무기'는 망에서 전쟁과 매우 강하게 연결되어 있지만 '학교'는 매우 약하게 연결된다. 마치 불길이 옮겨 붙듯이 '전쟁'에서 촉발된 불은 망을 타고 퍼져나간다. '무기'는 망에서 전쟁과 인접해 있기 때문에 이미 불길은 '무기'로 옮겨 붙어 즉각적으로 촉발된 준비상태에 있게 된다. 이러한 과정을 '점화(priming)'라고 한다.[2][3] 점

---

2) 점화는 우리 생존에서 매우 중요하다. 곧 일어날 사건에 대비할 준비태세를 갖추게 하여 재빠른 대응이 가능하다. 어떤 판단이나 결정을 할 때 우리는 가용한 모든 정보를 다 고려할 수 없다. 대신에 손쉽게 기억에서 접근 가능한 정보를 사용하는 것이 효율적이다. 이 역시 생존의 적응적 가치가 있다.

화는 먼저 제시된 자극이 뒤따르는 자극이나 정보를 판단하
거나 해석, 이해하는데 영향을 미친다.[4]

　점화는 다양한 자극에 대해 일어날 수 있다. 'table'을 포함
하는 단어 목록을 읽고 뒤이어 'tab__'로 시작하는 불완전 단
어를 완성하도록 하면 table이라고 답할 가능성은(영어 단어에
는 tab로 시작하는 다른 많은 것들이 있음에도) table을 목록에 포
함시키지 않았을 때에 비해 더욱 커진다.[5] 만약 표적자극과

[그림 6-1]
왼쪽 그림에서 알파벳 A와 U 중에서 어느 것이 더 빨리 떠오를까? 오른쪽 그림의 경
우는 어떨까?

3) Bargh J. A, & Chartrand T. L (2000). Studying the mind in the middle: A practical
   guide to priming and automaticity research. In Reis H, Judd C (eds.). Handbook
   of Research Methods in Social Psychology. New York, NY: Cambridge University
   Press. 1-39.
4) Mayr S, & Buchner A (2007). Negative priming as a memory phenomenon.
   Journal of Psychology. 215(1): 35-51.
5) Tulving E, Schacter DL, & Stark HA (1982). Priming effects in word fragment
   completion are independent of recognition memory. Journal of Experimental
   Psychology: Learning, Memory, and Cognition. 8(4): 336-342.

점화를 촉발하는 두 자극의 감각양상이 유사하면 점화효과는
더 잘 작동한다.[6] 그림이미지 점화는 그림이미지 단서에서,
개념이나 단어와 같은 언어적인 점화는 언어단서일 때 더 잘
작동한다. 그렇다고 서로 감각양상이 다른 자극 간에는 점화
가 일어나지 않는 것은 아니다. 점화는 다른 감각양상 간에도
물론 일어난다.

　흥미로운 한 연구[7]에서는 문화적인 상징이 점화효과를 유
발하는지 알아보았다. 여기에선 두 가지 문화상징이 사용된
다. 한 가지는 미국을 상징하는 건물이고 다른 한 가지는 중
국을 상징하는 건물이었다. 실험에 참여한 사람들을 두 집단
으로 나누어 한 집단에는 미국의 문화적 상징을 그리고 다른

[그림 6-2] 왼쪽은 미국상징 그리고 오른쪽은 중국 상징으로 사용된 사진

6) Matsukawa J, Snodgrass JG, & Doniger GM (2005). Conceptual versus perceptual
   priming in incomplete picture identification. Journal of Psycholinguistic
   Research. 34(6): 515-40.

7) Hong Y Y, Morris MW, Chiu C Y, & Benet-Mart-nez V(2000). Multicultural
   minds. A dynamic constructivist approach to culture and cognition. The
   American Psychologist. 55(7): 709-720.

한 집단에는 중국의 문화상징물을 보여주었다([그림 6-2]). 그
런 다음에 어항에 물고기들이 헤엄치고 있는 사진을 보여주
고 물고기의 행동을 해석하도록 하였다. 중국 문화상징 사진
을 본 사람들은 하나의 집단으로서 물고기의 행동을 해석한
반면에 미국 문화상징 사진을 본 사람들은 물고기의 개별행
동에 초점을 두고 해석하였다. 즉 중국 문화상징은 '집단주의'
사고를 촉발하며 미국 문화상징은 '개인주의' 사고를 촉발하
고 이것이 물고기 행동을 해석하는데 영향을 미친다.

  직접적인 문화상징뿐만 아니라 특정 문화를 상징하는 브
랜드(예, 맥도날드)도 브랜드와 연합된 문화적 정보를 활성화
하고 문화적인 행동을 유발하여 점화효과를 발휘한다.[8] 브랜
드에 의한 점화도 자동적으로 의식 밖에서 일어난다. 브랜드
로 특정 문화를 점화하고 그 문화에서 바람직한 가치관과 바
람직하지 않은 가치관 항목들을 제시하여 기억검사를 실시했
을 때 점화된 문화에서 바람직한 가치관 항목을 더 많이 기억
한다. 한 연구에서는 동양 소비자에게 미국을 상징하는 브랜
드(맥도날드) 로고를 점화한 뒤에 두 가지 광고를 보여주었다.
한 가지 광고는 서구의 개인주의 가치관을 부각하였고 다른
한 광고는 동양의 집단주의 가치관을 부각하였다. 실험에 참

---

8) Chiu, C.-Y., Mallorie, L., Keh, H. T., & Law, W. (2009). Perceptions of culture
   in multicultural space: Joint presentation of images from two cultures increases
   in-group attribution of culture-typical characteristics. Journal of Cross-Cultural
   Psychology, 40(2), 282-300.

가한 사람들은 동양인임에도 불구하고 맥도날드로 점화했을 때 개인주의 가치를 부각하는 광고가 더 마음에 든다고 하였다.[9]

이러한 연구들은 우리가 집단주의와 개인주의 가치 모두를 지닌다고 가정한다. 다만 성향에서 어떤 사람은 좀 더 개인주의이고 좀 더 집단주의이다. 하지만 상황에 따라 특정 문화가치가 점화하면 그에 따른 정보처리가 순간적으로 우세하게 작동한다.

점화와 설득효과

우리의 기억체계에는 우리가 의식하지 못하는 상태에서 과거의 경험이나 정보가 현재에 영향을 미치는 기억시스템이 있다.[10] 점화는 바로 이러한 기억 시스템과 연관이 있다. 점화의 효과는 의식 밖에서 작용한다. 만약 우리가 어떤 정신적인 과정에 의해서 영향을 받는다는 사실을 알아챈다면 이를 거부하여 그 영향력은 약화된다. 우리가 알아채지 못하기 때문에 점화에 의한 효과를 우리 자신의 결정으로 여기고 다양한 판단이나 행동이 영향을 받게 된다. 지금부터 점화의 설득

---

9) 25)와 같은 출처
10) 이를 암묵적 기억(implicit memory)이라 한다.

효과를 영역별로 구분하여 살펴보자.

관점의 변화, 다른 해석 그리고 설득효과

목표로 하는 설득효과를 거두려면 무엇보다 설득대상이 설득을 하는 사람이 원하는 방향으로 설득메시지를 이해해 주어야만 한다. 설득이 실패하는 원인은 다양하지만 특히 상황을 바라보는 관점이나 설득메시지를 의도와는 다르게 이해하는데 있다.

점화를 이용하면 개인이 처한 상황이나 자기 자신에 대한 관점에 변화를 줄 수 있다.[11] 인터뷰나 비즈니스 미팅을 앞둔 사람은 자신을 '권력 있는 사람'으로 점화했을 때 긴장감을 낮추어서 더욱 자신감 있고 효과적으로 상황에 대처한다. 또한 인터뷰나 미팅에 앞서 당당했던 개인의 경험을 떠올리게 했을 때 자신에 대한 관점뿐만 아니라 다른 사람이 자신을 어떻게 볼 것인지에 대한 인식도 긍정적으로 변했다. 당신이 중요한 인터뷰나 미팅을 앞두고 있다면 자신 있고 당당했던 개인 경험이나 관련된 생각을 함으로써 설득효과를 높일 수 있다. 유사한 연구로, 자신을 '경쟁력 있는 사람'으로 점화를 했을 때 개인의 행동은 더욱 자신감으로 넘쳤다.

---

11) L. Joris, D. David, R. Derek, & G. Adam(2013). Priming power to influence and persuade. Journal of Experimental Social Psychology.

관점변화에 대한 최근의 체계적인 연구를 하나 더 살펴보자.[12] 이 연구는 신용카드와 관련한 단어들로 점화를 했을 때 제품에 대해 감수해야 하는 비용보다는 이점 요소를 더 무의식적으로 생각하게 만든다는 것을 보여준다. 연구결과를 간단히 살펴보면, 현금대신 신용카드와 관련된 단어로 점화를 했을 때 사람들은 제품의 이점 요소들을 더 정확히 기억했다. 현금보다 신용카드로 점화를 했을 때 사람들은 제품의 이점 요소들에 더 빨리 반응했으며 구매지출도 더 많이 할 의사를 밝혔다. 마지막으로, 역시 신용카드로 점화했을 때 사람들은 장점이 적은 대신 값싼 제품보다는 비싸더라도 장점이 많은 제품을 기꺼이 구매한다는 의사를 밝혔다. 현금에 비해 신용카드는 직접적이며 즉각적인 지불을 의미하지는 않는다. 따라서 현금에 비해 신용카드의 사용은 '덜 위험하고 고통스러운' 경험으로 간주된다.

이 연구는 무엇으로 점화하느냐에 따라 구매를 계획하는 제품의 어떤 측면에 더 관심을 기울이게 할지 영향을 미칠 수 있음을 보여준다. 점화를 이용하여 계획적인 구매를 하도록 유도할 수도 있다. 쇼핑센터에 들어가기 전에 경제와 관련된 기사를 읽게 하면 그렇지 않은 경우에 비해 합리적인 구매목록을 작성하는 비율이 더 높게 나타난다.

---

12) P. Chatterjee & R. L. Rose (2012). Do payment mechanisms change the way consumers perceive products? Journal of Consumer Research, 38(6), 1129-1139.

　그림자극을 이용한 한 연구[13]에서는 인디언과 에스키모인 두 개의 그림이 혼합된 가역성 그림을 사용하였다([그림 6-3]). 이 그림에는 두 가지 대상이 포함되기 때문에 '무엇을 볼 것인지'는 장담할 수 없다. 다른 조건이 동일하다면 두 가지 대상이 있기 때문에 특정 대상을 볼 확률은 반반이다. 당신은 어떤 그림을 먼저 보았는가? 짐작하는 대로, 무엇을 볼 것인지는 점화에 의해 영향을 받는다는 것을 입증했다. 예컨대, '겨울장면'을 점화를 일으키는 자극으로 제시한 경우에는 인디언에 비해 에스키모인을 더 많이 보았다. 이 연구 역시 점화가 대상의 특정 측면을 의식 밖에서 부각하는 효과를 발휘함을 보여준다.

　관점의 변화는 설득메시지의 해석에도 영향을 미칠 수밖

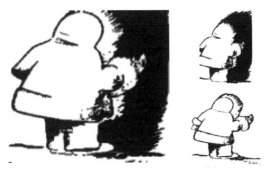

[그림 6-3] 인디언 그림과 에스키모인 그림이 혼합된 가역성 그림

---

13) Paula G., & Courtney W.(2010). Priming effects with ambiguous figures. Attention, Perception, & Psychophysics, 72(1), 168-178

에 없다. 부드러운 가죽 소재의 구두가 있다. 가죽이 부드러운 구두는 해석하기에 따라 발이 편안한 구두로 인식되기도 하고 또는 가죽이 부드럽기 때문에 흠집에 약하며, 형태가 쉽게 변형되는 구두로 인식될 수도 있다. 이럴 경우, '편안함'을 점화한다면 부드러운 가죽을 편안한 구두로 주의를 기울이게 함으로써 부정적인 측면에는 덜 주의를 기울이게 할 수 있다. 어떻게 받아들이느냐에 따라 구매결정은 영향을 받는다는 것은 두말할 필요가 없다.

한 컴퓨터기업이 사양이 업그레이드된 신제품 노트북을 광고한다. 광고는 다양한 제품기능에 대한 내용으로 제작되었다. 다양한 기능은 달리 해석될 수 있다. 기능의 다양함으로 인해 사용이 편리한 제품으로 해석될 수도 있고, 오히려 복잡하여 사용하기 불편한 것으로 해석될 수도 있다. 만약 이 광고가 잡지에 게재되었고 이 광고와 인접한 지면에 게재된 기사가 무언가의 편리함을 점화하는 내용이라면 이 역시 점화자극으로 작용할 수 있다. 정보가 여러 가지로 해석될 수 있을 때 점화를 활용하면 원하는 방향으로 구매설득에 영향을 미칠 수 있다.[14] [15]

---

14) 우석봉(2016). 브랜드 심리학(3판). 서울: 학지사

15) 이 같은 방식의 점화를 '맥락점화'라고 한다. 맥락점화는 특정 맥락에서 함께 발생할 가능성이 높은 자극의 처리를 가속화한다. 맥락이 정보처리를 자동적으로 가속화하는 것이다. 한 연구에서는 참여자들에게 토마토케첩 제품을 평가하게 했다. 한 집단에는 케첩을 패스트푸드점의 맥락에서 소개했고 다른 집단에는 슈퍼마켓 맥락에서 소개했다. 케첩에 대한 평가는 패스트푸드점 맥락에서 제시되었을 때 더 긍정적이었다.

의식 밖의 행동

1997년 미국 나사(NASA)의 화성 탐사선 패스파인더가 화성에 성공적으로 착륙했음을 알리는 대대적인 언론보도가 있었다. 그런데 흥미롭게도 다른 조건에는 전혀 변화가 없었지만 이 기간 동안에 캔디 제조사인 마스(Mars, 이는 '화성'과 동일 영어 단어이다)의 매출이 급신장했다. 실제 마스는 창립자 이름 (Frank C. Mars)이지 화성과는 아무런 관련이 없다. 그럼에도 불구하고 단지 언론에서 마스라는 단어를 대대적으로 노출한 것만으로 매출이 상승했다.[16]

설문작성에 응한 어떤 사람에게는 오렌지 색 펜을 주고 또 어떤 사람에게는 푸른 색 펜을 주었다. 설문지는 제품선택에 관한 것이었다. 설문에 제시한 제품은 세 가지였는데 어떤 제품은 오렌지색과 관련된 것이었고 어떤 제품은 푸른 색 그리고 어떤 제품은 설문작성에 사용한 펜의 색과는 무관한 것이었다. 설문에 응한 사람들은 어떤 제품을 더 많이 선택했을까? 설문작성자들이 선택한 제품은 그들이 설문작성에 사용한 펜의 색과 높은 관련이 있었다.

1996년에 일단의 연구자들은 흥미로운 연구를 수행하였다.[17] 이들은 연구에 참여한 사람들에게 단어들을 사용하여

16) F. R. Kardes, M. L. Cronley, & T. W. Cline (2013). Consumer behavior. Cengage Learning.
17) Bargh, J. A., Chen, M., & Burrows, L. (1996). Automaticity of social behavior:

문장을 만들도록 했다. 한 집단의 참여자들에게는 무작위로
선정한 단어들을 제공했다. 다른 한 집단의 참여자들에게는
'노인'과 관련되는 단어들을 제공했다. 노인과 관련되는 단어
들은 '망각', '주름' 등이었으며 '플로리다'[18]도 그 중 한 단어였
다. 연구자들은 단어를 사용한 문장 작업이 끝난 후, 복도를
걸어서 다른 연구실로 가서 후속 연구에 참여해줄 것을 요청
받았다. 연구자들은 실험 참여자들이 복도를 걸어갈 때 걸음
의 속도를 측정하였다. 놀랍게도 '노인'과 관련된 단어들로 문
장 작업을 한 참여자들의 걸음걸이가 무작위 단어로 문장 작
업을 한 참여자들의 걸음걸이에 비해 유의하게 더 느렸다. 하
지만 참여자 자신은 이런 사실을 전혀 몰랐다!

실험에 참여한 사람들 중 노인과 관련된 단어들에 노출된
사람들은 자신도 의식하지 못한 채 노인의 고정관념과 관련
된 단어들(주름, 망각, 플로리다 등)에 의해 점화된 것이다. 연
구에 사용된 노인과 관련된 단어들은 걸음걸이나 걸음속도에
대해 직접적으로 관련이 없었지만 '노인=느린 걸음'을 점화하
였다. 노인과 같은 사회적 범주의 점화가 자동적으로 노인에
대한 고정관념과 일치하는 행동(느리게 걷기)을 유발한 것이
다. 고정관념 점화의 또 다른 예로는 과격한 행동을 유발하는

Direct effects of trait construct and stereotype activation on action. Journal of
Personality and Social Psychology, 71(2), 230-244.

18) 미국의 플로리다는 노후를 보내기에 가장 선호되는 지역으로 노인과 함께 자주 언
급되는 지역이다.

'훌리건(hooligan) 점화'도 있다.[19]

정서 점화

생일과 같이 긍정적인 정서를 유발하는 좋은 날이 개인의 판단에 영향을 미친다는 연구가 있다. 한 연구에서는 이런 효과가 '요청의 수락설득'에 영향을 미치는지 알아보고자 했다[20]. 연구자들은 가게를 방문한 소비자들에게 다시 전화를 걸어서 방문한 가게에 대해 평가해주기를 요청하였다. 요청을 하는 시점은 '생일 하루 전', '생일 당일' 그리고 '생일 하루 후'의 세 가지로 구분하였다. 평가요청을 수락한 비율은 언제 요청을 했느냐에 따라 많은 차이를 보였다. 생일 당일에 전화를 했을 때 수락률이 가장 높았고 생일 하루 전 그리고 생일 다음날 순의 수락 비율을 보였다. 생일에 수락률이 가장 높은 것은 생일과 연합된 긍정적인 기분 때문이다. 물론, 이 연구에서 응답자들은 자신의 수락행동이 생일과 연관이 있다는 것은 인식하지 못했다. 기분 좋은 분위기를 유발하는 매장에서는 고객이 더 유연하고 비싼 가격도 기꺼이 수용할 가능성이

19) Dijksterhuis, Ap, & van Knippenberg, Ad (1998). The relation between perception and behavior, or how to win a game of Trivial Pursuit. Journal of Personality and Social Psychology, 74(4), 865-877.
20) Guéguena & Jacobs (2013). The birthdate effect: solicitation on birthday affects compliance. The International Review of Retail, Distribution and Consumer Research, 23(3), 353-356.

증가한다.

위의 연구는 기분이 점화로 작용한다는 것을 보여준다. 파찌오(Fazio)[21]는 '정서점화'를 처음으로 제안한 심리학자이다. 정서점화는 특정 정서가 점화함으로써 어떤 사람이나 의견, 상품 등의 평가가 영향을 받는 것이다. 특정 정서를 유발하는 단어나 그림 등을 제시하면 후속하는 대상의 평가에 영향을 미칠 수 있다.

사람들의 '테러' 인식에 정서점화가 과연 효과를 미치는지 알아본 연구가 있다.[22][23] 사람들을 '분노'로 점화했더니 '공포'로 점화했을 때와 비교해 테러의 위험성을 낮게 평가했다. 테러방지를 위한 안전조치를 수용하는 것에도 덜 민감하게 반응했다. '분노'로 점화했을 때는 '공포'로 점화했을 때에 비해 음주운전의 처벌을 더 가혹하게 해야 한다고 했다. 한편, '공포'로 점화를 했을 때는 '분노' 점화에 비해 새로운 정보에 더욱 수용적인 태도를 취했다.[24]

21) Fazio, Russell H. (2001). On the automatic activation of associated evaluations: An overview. Cognition & Emotion. 15(2), 115-141.

22) Lerner, J. S., Gonzalez, R. M., Small, D. A., & Fischhoff, B. (2003). Effects of fear and anger on perceived risks of terrorism: A national field experiment. Psychological Science, 14(2), 144-150.

23) Nabi, R. L. (2003). Exploring the framing effect of emotion. Do discrete emotions differentially influence information accessibility, information seeking, and policy preference? Communication Research, 30, 224-247.

24) Parker, M. T., & Isbell, L. M. (2010). How I vote depends on how I feel: The differential impact of anger and fear on political information processing. Psychological Science, 21, 549-550.

　유사한 연구에서 실험에 참여한 사람들을 '무뢰함'과 관련
된 단어로 점화했을 때 실험참여자는 실제로 실험하는 과정
에서 연구자를 성가시게 하고 방해되는 행동을 더 많이 하였
다. 반면에 '공손함'과 관련된 단어들로 점화된 실험참여자는
연구자에게 더욱 협조적이었다.

　단어나 그림이 아니라 신체감각을 통해 유발된 정서도 점
화효과를 발휘한다. 예일대에서 수행된 한 연구[25]에서는 단
어가 아닌 신체적인 자극도 점화효과를 일으킨다는 결과가
나타났다. 인터뷰를 실시하기 전에 어떤 참여자에게는 따뜻
한 음료를 주었고 어떤 참여자에게는 차가운 음료를 주었다.
그런데 제공한 음료의 온도에 따라 면접과정에서 면접자에
대해 호의적이거나 부정적으로 대하는 행위의 차이를 보였
다. 즉 따뜻한 음료를 제공받은 사람은 면접자를 더 공손하고
호의적으로 대하였다.

나도 모르는 선택의 원인

　당신이 무언가 선택을 했다면 그것은 순수하게 자신이 의
식적으로 고심한 결과일까? 한 연구에서[26], 프랑스산 와인과

---

25) Williams, L. E., & Bargh, J. A. (2008). Experiencing physical warmth promotes
　　interpersonal warmth. Science, 322, 306-307.
26) North, A.C., Hargreaves, D.J., & McKendrick, J. (1999). The effect of music on
　　in-store wine selections. Journal of Applied Psychology, 84, 271-276.

독일산 와인을 매장에 진열하였다. 가격과 당도 그리고 공간과 진열위치 등에서는 두 제품 간에 차이가 없도록 객관성을 유지하였다. 단지 매장에 틀어 놓은 음악만 달랐다. 하루는 프랑스 음악을, 다른 날은 독일 음악을 내보냈다. 과연 매장의 음악은 와인 선택에 영향을 미칠까? 놀랍게도 매장방문 손님들의 와인선택은 음악의 영향을 받았다. 프랑스 음악을 내보낸 날은 프랑스산 와인이, 독일 음악을 내보낸 날은 독일산 와인이 더 많이 팔렸다. 더욱 놀라운 것은, 선택을 하고 구매한 사람들을 대상으로 구매이유를 질문했더니 매장음악과 관련한 이유를 말한 사람은 단 6%에 불과했다. 94%의 구매자는 음악의 존재와 영향에 대해 전혀 의식하지 못했다.

　타인의 선택이 다른 사람의 선택에도 의식하지 못하는 영향을 미칠 수 있다. 줄을 서서 음식을 살 때 앞 사람이 무엇을 샀느냐는 다음 사람의 구매에도 영향을 미친다. 한 연구에서[27], 실험참여자에게 영화에 대한 평을 해달라고 부탁하였다. 하지만 실제 영화 평은 실험의 목적이 아니었다. 실험참여자에게 영화를 보는 동안에 먹을 간식거리로 사탕을 준비했으니 집어가도록 했다. 줄을 서서 사탕을 가져가도록 했는데 실험참여자의 바로 앞에 실험협조자를 배치하였다. 실험협조자는 날씬한 사람과 과체중의 사람 그리고 소량의 사탕 가져가기와 많

---

27) B. McFerran, D. W. Dahl, G. J. Fitzsimons, & A. C. Morales (2009). I'll have what she's having: Effects of social influence and body type on the food choices of others. Journal of Consumer Research, 36(6), 915-929.

은 사탕 가져가기의 총 네 가지 조건별로 실험참여자가 과연 사탕을 얼마나 집어 가는지 관찰하였다. 앞 사람이 과체중이 면서 소량의 사탕을 집어갔을 때 실험참여자는 오히려 사탕을 많이 가져갔다. 하지만 앞 사람이 과체중이면서 사탕을 많이 집어갔을 때는 사탕을 적게 가져갔다. 왜 그랬을까? 앞 사람의 체형과 가져간 사탕의 양이 '다이어트'와 관련된 행동을 점화 하였기 때문이다.

웹 디자인 점화 그리고 선택행동

웹페이지의 디자인은 소비자의 눈길을 끌거나 브랜드 정 체성의 통일감을 주는 예술적인 장치에 그치는 것일까? 최근 들어 온라인 구매는 폭발적으로 증가하였다. 온라인에는 셀 수 없이 다양한 판매 사이트와 제품, 그리고 브랜드로 넘쳐난

[그림 6-4]

웹페이지의 배경 이미지로 점화함으로써 검색행동과 제품선택에 영향을 미칠 수 있 다면 온라인 비즈니스에서 차지하는 함의는 상당하다

다. 이런 환경에서 소비자의 선택행동은 어떻게 결정되는 것일까? 우리는 인터넷을 서핑하면서 스스로가 합리적인 소비자라고 확신한다. 하지만 그렇지 않을 수도 있다. 웹사이트의 컬러나 디자인과 같이 제품을 평가하는 것과는 직접적인 관련이 없는 요소가 방문자의 구매행동에 영향을 미친다.

한 연구[28]에서는 웹페이지의 디자인이 소비자의 선택행동에 영향을 미치는지 알아보기 위해 웹페이지의 배경 색상과 디자인을 조작했다. 먼저, 사용자에게 동일한 범주의 제품 두 개 중에서 하나를 선택하도록 했다. 웹사이트의 디자인을 '돈' (초록색 바탕에 페니 동전의 무늬)으로 점화했을 때 방문자들은 다른 정보에 비해 제품의 가격정보를 더 오래 주시했다. '안락함'으로 점화된 방문자들은 다른 정보에 비해 '안락함'에 관련된 정보를 더 오래 주시했다. 더욱 놀라운 결과는 이러한 점화효과는 방문자가 제품의 전문가라도 예외가 아니었다.

온라인 쇼핑은 소비자가 더 쉽게 제품을 탐색하고 또 소비자 스스로 자율적인 결정을 하도록 하지만 구매행동은 소비자가 의식적으로 알아채지 못하는 미미한 변화에 의해 영향을 받는다.

---

28) N. Mandel, & E. Johnson (2002). When web pages influence choice: Effects of visual primes on experts and novices. Journal of Consumer Research 29(2):235-45

의식 하의 노출 효과

웹 페이지를 무심코 넘기거나 또는 출퇴근 때 신경 쓰지 않았던 지하철 광고들 그리고 걷거나 운전 중에 지나치게 되는 수많은 옥외광고들이 있다. 당신이 오늘 보았다고 기억하는 광고를 말하라고 하면 아마 서너 개에 지나지 않을 것이다. 비단 광고뿐만 아니라 시각이든 청각이든 매일 우리 감각기관에 '노출'되는 설득자극은 셀 수 없이 많다. 그러면 우리가 의식하지 않는 설득자극은 무엇이란 말인가? 모두 휴지 조각인가?

1957년 시장조사 전문가인 비커리(Vicary)는 역하 메시지(subliminal message)의 효과에 관한 실험을 진행하였다. '역하'란 우리가 의식적으로 알아차리는데 필요한 역치(threshold) 이하의 수준을 뜻한다. 따라서 '역하 메시지'는 우리가 의식적으로 지각할 수 없는 수준에서 제시되는 메시지이다. 비커리는 뉴저지에 있는 극장에서 6주에 걸쳐 약 45,000명의 관람객을 대상으로 역하 메시지 효과를 테스트했다. 관람객이 영화를 보는 동안에 비커리는 두 개의 역하 메시지('eat popcorn'과 'drink Coca-Cola')를 영화필름 사이에 삽입했다.

우리가 동영상 영화를 보는 것은 착시현상 때문이다. 필름의 각 슬라이드에는 정지된 이미지가 있을 뿐이며, 단지 조금씩 다른 정지 이미지가 빨리 변화하는 것을 우리는 움직이는 설득 – 어떻게 사람을 움직일 것인가!

것으로 인식한다. 빨리 진행되는 필름 슬라이드에 두 개의 메시지를 삽입하더라도 관람객은 그것을 전혀 의식할 수 없다. 두 개의 메시지는 1초의 3/1,000의 속도로 제시되었으며 매 5초 마다 메시지를 삽입하였다. 역하 메시지의 효과는 팝콘과 코크의 판매량으로 측정하였다. 역하 메시지를 상영했던 6주간의 판매량과 역하 메시지를 상영하지 않았던 6주간의 판매량을 비교하였다. 놀라운 결과가 발표됐다.[29] 팝콘 판매량은 57% 증가, 코크 판매량은 18.1% 증가했다는 것이다.[30] 실험 결과가 알려지면서 역하 메시지 효과를 검증하기 위한 복제 연구들이 수행되었다. 결과들은 일관되지 않았고 역하 메시지 효과에도 의문을 제기하는 주장이 끊이지 않았다.

하지만 한 연구[31]로 인해 역하 메시지의 효과가 재조명받게 되었다. 의식의 개입이 없이도 자동적으로 태도가 형성될 수 있다는 '단순노출효과(mere exposure effect)'이다. 단순노출효과의 가능성을 처음 제기한 것은 1910년 영국의 심리학자인 티치너(Edward chener) 이다. 그는 친숙한 대상은 포근함과 친근한 경험으로 이끈다고 주장했다. 어떤 대상과의 단순하

---

29) 1962년에 비커리 실험의 전모가 드러났다. '애드 에이지(Advertising Age)'라는 광고전문 잡지와의 인터뷰에서 비커리는 그의 실험이 사실은 기울어가는 그의 사업에 고객을 끌어들이기 위한 술책이었으며 자료도 조작된 것임을 인정하였다.

30) 이를 계기로 역하 메시지의 윤리적 문제가 제기되면서 광고에 역하 메시지를 사용하는 것이 법으로 금지되었다. 우리나라도 역하광고를 법으로 금지하고 있다.

31) Zajonc, Robert B. (1968). Attitudinal effects of mere exposure. Journal of Personality and Social Psychology, 9(2), 1-27.

고 반복적인 연합은 그 대상에 대해 호의적인 태도를 가지게 한다는 것을 체계적으로 규명한 것은 심리학자인 자이욘스 (Zajonc)이다.

그는 순간노출기[32]를 사용해 실험참가자에게 여러 모양의 도형을 5회씩 보여주었다. 1000분의 1초의 속도로 도형을 보여주었기 때문에 실험참가자는 스크린에 어떤 형태의 도형이 제시되었는지 알아차리기 힘들었다. 노출이 끝난 다음, 순간노출기로 제시했던 도형과 제시하지 않았던 도형을 짝지어 제시하고 보았던 도형은 어느 것인지, 마음에 드는 도형은 어느 것인지 물었다. 흥미롭게도 실험참여자들은 어떤 것을 보

호감

노출 빈도

[그림 6-5]

의식하지 못하지만 감각기관에 많은 빈도로 노출되는 것만으로도 대상에 대한 선호가 형성될 수 있다. 하지만 단순노출효과는 대상의 존재를 알아차리면 나타나지 않는다.

출처: conversion-uplift.co.uk

---

32) 짧은 시간에 의식적으로 알아채기에 어려운 빠른 속도로 어떤 물체를 보여주는 장치.

앉는지 정확하게 인지하지 못했음에도 불구하고 순간노출기로 제시되었던 도형을 더 선호한다고 응답하였다. 이러한 현상을 '단순 노출 효과(mere exposure effect)'라 한다.

단순노출의 극적인 효과는 동물을 대상으로 한 실험에서도 나타났다. 부화되지 않은 계란을 두 집단으로 나누고 각 집단의 계란에 특정 음을 상당기간 지속적으로 들려주었다. 부화된 후에 각 집단의 병아리에게 음을 들려주었는데 부화하기 전에 노출되었던 음을 일관되게 선택하는 행동을 보였다.[33] 또 다른 실험에서는 한자를 전혀 접한 적이 없는 사람들에게 한자를 많은 횟수에 걸쳐 단순 노출한 다음 이들에게 여러 한자를 보여주면서 긍정적 의미인지 부정적 의미의 한자인지 평가하도록 했다. 실험에 참가한 사람들은 한자를 전혀 모르기 때문에 한자의 의미 역시 알 수가 없다. 그런데 실험 동안에 노출된 적이 없었던 한자에 비해 노출되었던 한자를 더 긍정적으로 평가하였다.

이러한 연구결과는 단순노출효과가 의식적 인지과정 없이도 일어날 수 있으며 단순노출에 의해 어떤 대상에 대한 호감이 생겼을 때 왜 그 대상을 좋아하게 되는지 추론이 개입하는 것도 아님을 시사한다. 단순노출효과의 연구는 자극을 의식적으로 알아차리지 못해도 단지 그 자극에 자주 노출되는 것

33) Zajonc, R.B. (2001). Mere exposure: A gateway to the subliminal. Current Directions in Psychological Science. 10(6), 224-228.

으로도 선호가 생길 수 있음을 보여줌으로써 역하 메시지의 설득효과 가능성을 다시 이슈화하였다.

최근에 비커리의 실험 패러다임을 복제한 한 연구[34]는 동기 상태에 따라 역하 메시지의 효과가 나타날 수 있음을 보여준다. 네덜란드의 연구자들은 실험참가자가 갈증상태에 있을 때는 역하수준에서 제시한 자극(음료의 브랜드)이 선택행동에 영향을 미친다는 것을 확인하였다. 하지만 갈증상태가 아닐 때는 역하 메시지의 효과를 발견할 수 없었다. 역하 메시지는 소비자의 욕구나 동기와 관련되면 설득 효과를 발휘할 수 있다.

---

34) Karremans, J. C., Stroebe, W., & Claus, J. (2006). Beyond Vicary's fantasies: The impact of subliminal priming and brand choice. Journal of Experimental Social Psychology, 42(6), 792-798.

핵심과 적용

- 점화의 원리와 기능을 숙지하자.
- 점화는 설득대상의 의식 밖에서 일어나기 때문에 설득효과를 높이기에 더욱 유용하다.
- 점화는 설득 메시지의 해석에서부터 태도 그리고 행동까지 광범위한 영향을 미친다. 당신의 설득목표가 무엇이든 점화는 설득의 매우 효과적인 도구가 될 수 있다.
- 설득목표를 정하고 다양한 점화 중에서 어떤 것을 활용할 것인지 결정하라.
- 점화는 다양한 도구를 통해 촉발이 가능하므로 당신의 창의성을 발휘할 수 있는 훌륭한 설득수단이다.

두 가지
설득 경로

성공적인 설득효과를 거두려면 먼저 설득 대상자가 설득 메시지를 호의적으로 받아들여야 한다. 신제품을 구입하거나 선거에서 당선되려면 소비자나 유권자가 이들을 긍정적으로 평가하는 것이 선행되어야 한다. 우리가 어떤 대상에 대해 긍정적 또는 부정적인 평가판단 즉 태도(attitude)를 형성하는 방법은 다양하다.

한 가지는 '짝 짓기'이다. 설득자극이 긍정적인 감정을 일으키는 무언가와 반복적으로 결합이 되면 소비자는 설득자극 자체에 대해서도 호의적인 감정을 가진다. 광고에서 대중들이 선호하는 광고모델을 기업이 많은 돈을 지불하고 사용하는 것도 같은 원리이다. 선호하는 광고모델은 긍정적인 감정을 유발하고 이 감정은 광고제품에 전이된다. 이러한 과정이 반복되면 이후에는 광고제품에 대해서도 긍정적으로 반응하게 된다.

다른 한 가지 방법은 설득자극에 반응했을 때 '긍정적인 보상'이 뒤따르는 것이다. 보상은 반드시 자신이 직접 경험하지 않아도 된다. 예컨대, 어떤 시민이 소매치기를 제압하여 시민상을 받았다는 기사를 접한 것과 같이 자신이 아닌 다른 사람이 보상을 받는 것을 보는 것도 유사한 효과를 일으킨다. 이 역시 설득자극이 긍정적인 결과와 결합됨으로써 설득자극 자체에 대한 호감이 증가한다.

어떤 방법이 되었건 설득자극에 대한 긍정적인 태도가 설득에서 중요한 이유는 분명하다. 설득의 목표는 다양하겠으나 긍정적인 태도는 설득하려는 자가 설득대상이 원하는 행동을 하게 만드는 선행조건이기 때문이다.[1] 설득자극에 대해서 굳이 평가판단을 하지 않더라도 어떤 행위를 하는 경우도 있지만 대부분의 경우는 그렇지 않다. 설득자극에 대해 설득대상이 어떤 과정을 거쳐 어떻게 평가판단을 하는가를 정확히 이해한다면 설득대상자가 목표행위를 할 가능성이 어떠한지, 목표행위를 하게 하려면 어떻게 하는 것이 효과적인지 예측하는 것이 가능하다.

개인적 중요도

교육부가 대입제도 개편안을 발표한다고 하자. 대입 개편안은 누구에게 가장 중요한 이슈일까? 아마 수험생과 학부모일 것이다. 이들은 다른 누구보다 개편안에 많은 주의를 기울이고 꼼꼼하게 살필 것이다. 만약 당신이 새 차 구입을 계획 중이라고 하자. TV를 보다가 새로 출시되는 신차 광고를 접했다. 당신은 채널을 돌릴까? 아니면 광고를 유심히 볼까? 그

1) Wood, W. (2000). Attitude change: Persuasion and social influence. Annual Review of Psychology. 51, 539-570.

러면 새 차를 구입할 계획이 없거나 얼마 전에 이미 새 차를 구입한 사람들은 신차 광고에 어떻게 반응할까? 아마 이들은 채널을 돌리거나 아니면 단지 광고에 나오는 배경음악을 즐길 수도 있다.

A는 사진학원에 등록하려고 한다. 사진에 대해 개인적으로 관심이 매우 높고 취업을 위한 스펙 관리에도 도움이 되기 때문에 사진학원 선택은 A에게는 중요하다. A는 여러 사진학원의 특징이나 강점, 수강료 그리고 강사진에 대한 정보를 입수하고 비교하는 등 숙고하여 평가를 한다. 반면, B는 사진에 대한 동기가 높지 않고 단지 취미생활을 위해 학원을 다니려고 한다. B는 학원의 규모나 광고에서 보았는지 그리고 학원의 위치가 접근성이 좋은지 등과 같은 요인을 가지고 학원을 선택할 가능성이 매우 크다.

왜 위와 같은 사례를 제시했는지 아마 눈치를 챘을 것이다. 누군가를 설득하려고 할 때 설득대상이 설득자극(설득 메시지)에 관심을 두는지 아닌지에 따라 설득 효과가 영향을 받을 것이라는 점은 우리 모두가 잘 안다. 설득을 하려할 때 먼저 설득 대상자와 설득 메시지 간의 관계를 아는 것이 무엇보다 중요하다. 이제 보게 되겠지만 바로 이 둘의 관계에 따라 설득 전략은 영향을 받는다. 그러면 설득자극에 관심이 많다면 어떻게 설득하는 것이 효과적일까? 반대로 설득대상이 설득 메시지에 관심은 없지만 그럼에도 불구하고 설득에 영향을 미치려면 어떻게 해야 할까?

이중 처리과정

광고에 등장하는 모델의 특성에 따라 설득에 어떤 효과를 발휘하는지를 규명하기 위한 실험이 1983년에 진행되었다.[2] 새로 시장에 출시되는 면도기 광고가 실험에 사용됐다. 한 집단의 참가자에게는 "광고 제품은 당신이 사는 지역에서 곧 시험판매될 것이며, 실험이 끝나면 일회용 면도기를 받을 수 있다"는 말을 하였다. 이 말의 목적은 참가자가 광고제품에 높은 관심을 가지게 하기 위함 이었다. 다른 집단의 참가자에게는 "광고 제품은 당신이 사는 지역이 아닌 타 지역에서 시험판매될 것이며, 실험이 끝나면 치약을 가질 수 있다"고 하였다. 이는 광고 제품에 대한 참가자의 관심을 낮추기 위함이었다. 아울러, 유명 운동선수와 일반인, 그리고 제품 속성 중심의 강한 주장과 제품 속성을 덜 강조한 약한 주장을 담은 메시지 등 각각 두 가지 유형의 광고 등장 모델과 광고메시지를 고안하였다. 실험의 결과는 어땠을까?

광고 제품에 대한 관심을 약하게 조작했을 때는 메시지의 강, 약 유형이 설득에 영향을 미치지 않았지만 광고 모델이 유명 스포츠 스타일 때 광고 제품을 가장 호의적으로 평가했다.

2) Petty, Richard E., Cacioppo, John T., & Schumann, David (1983). Central and peripheral routes to advertising effectiveness: The moderating role of involvement. Journal of Consumer Research. 10 (2), 135-146.

반면, 광고 제품에 대한 관심을 높게 조작했을 때는 광고 모델이 누구인지는 영향을 미치지 않았고 대신 메시지 내용이 광고 제품에 대한 평가에 영향을 미쳤다.[3] 이 실험은 설득에 이르는 과정이 단순하지 않다는 것을 규명한 매우 가치 있는 것이라 할 수 있다.

두 개의 설득 경로

오하이오 대학에서 박사논문을 준비하던 페티(Richard E. Petty)는 왜 어떤 태도는 오래 유지되고 또 어떤 태도는 그렇지 않은지 의문을 가졌다. 기존 연구들을 검토한 결과 메시지 처리에 얼마나 많은 사고를 했느냐에 따라 태도의 지속성이 결정된다는 결론에 도달했다. 이를 토대로 페티와 카치오포(John Cacioppo)는 설득장면에서 설득자극에 대한 태도가 어떻게 형성되며 또한 어떻게 변화하는지를 설명하는 '정교화 가능성모형(elaboration likelihood model)'을 제안했다.[4]

---

3) Petty, Richard E., & Cacioppo, John T (1984). Source factors and the elaboration likelihood model of persuasion. Advances in Consumer Research, 668-672..

4) Petty, Richard E., & Cacioppo, John T. (1986). The elaboration likelihood model of persuasion. Advances in Experimental Social Psychology. London, England: Elsevier. 19, 124-129. 정교화 가능성모형의 발전에는 당시 오하이오 대학에 방문교수로 있던 로버트 치알디니('설득의 심리학'으로 잘 알려진)도 많은 기여를 했다.

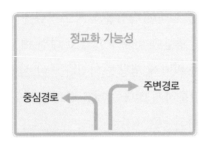

[그림 6-1] 설득은 조건에 따라 각기 다른 경로를 통해 이루어진다.

설득자극은 하나의 과정으로 처리되지 않으며 설득자극
에 대한 태도 역시 설득자극이 어떻게 처리되는가에 따라 영
향을 받는다는 것을 규명한 것이 이 모형의 핵심이다. 정교화
가능성모형은 설득에 이르는 두 가지 경로를 제안한다. 한 가
지 경로는 중심경로(central route), 다른 한 가지 경로는 주변
경로(peripheral route)이다. 이제부터 각 경로는 어떤 경우에
작동하며, 각 경로를 통한 설득자극의 처리는 어떻게 되는지
그리고 각 경로에 따른 설득효과는 어떠한 차이가 있는지 알
아보자.

중심경로

설득 메시지가 설득 대상자 개인에게 중요하거나 관련성이
높으면 메시지는 중심경로를 통해 처리된다. 개인적인 관련
성이나 중요도와 함께 메시지를 이해하고 처리할 수 있는 '능
력' 역시 중심처리를 위해 필요한 요인이다. 설득 이슈가 중

요하더라도 메시지를 이해할 수 없다면 설득효과도 기대하기 어렵다. 예컨대, 카메라에 대한 관심이 아무리 많다고 해도 카메라에 대한 전문지식을 이해할 능력이 없다면 메시지를 처리하기란 불가능하다. 중심경로를 통해 메시지를 처리할 때는 메시지 내용 자체에 많은 주의를 기울이고 깊게 고려한다.[5]

설득기법을 다룬 블로그를 보고 있다고 하자. 만약 당신이 설득에 많은 관심을 가진다면 블로그에서 제시하는 내용(이론, 사례, 근거, 전개 논리 등) 즉 '중심주장(argument)'에 집중한다. 주장에 집중하려면 상당한 정신 에너지가 투입된다. 이 경우에 블로그에 대한 태도는 내용을 토대로 형성된다. 반면, 당신이 설득에 대해 그다지 관심이 없다면 블로그의 내용 즉 주장 대신에 블로그 디자인이나 편집 방식 또는 사례에 언급된 브랜드가 친숙한지 아닌지와 같은 '주변단서(cue)'에 주의를 기울인다. 내용보다는 주변 단서들에 의해 블로그에 대한 태도가 결정된다.

---

5) Petty, Richard E., & Cacioppo, John T (1984). Source factors and the elaboration likelihood model of persuasion. Advances in Consumer Research. 11, 668.

[그림 7-2]

출처: Persuasion Blog

　'중심주장'과 '주변단서'의 차이에 대해 예를 들어보자. 당신이 잡지에서 [그림 7-2]의 광고를 본다고 하자. 두 광고 모두 제품에 관계없이 동일한 카피가 있다. 매력적인 금발 여성 모델도 등장한다. 하지만 자동차가 등장한 광고에서 금발 여성은 '주변 단서'의 기능을 한다. 반면 샴푸의 경우에 금발 여성은 '중심 주장'으로 기능한다. 아름다운 모발을 원한다면 광고의 샴푸를 사용하라는 설득이 가능하다.

　중심처리경로에 의한 설득은 두 가지 면에서 이점을 지닌다. 첫 번째는 태도변화의 지속성이다. 중심경로에 의해 형성된 태도는 주변경로처리에 비해 더욱 오래 유지된다. 두 번째 이점은 행동의 예측력이다. 중심경로처리에 의한 태도변화는 주변경로처리에 비해 강하고 더 오래 유지되기 때문에 행동

에 대한 예측 정확도 역시 높다.[6] 환경보호를 위한 분리수거
에 대한 태도가 중심경로에 의해 형성되었다면 실제 분리수
거 행동을 실행할 것으로 예측할 수 있다.

주변경로

설득 메시지나 이슈가 설득 대상자 개인에게 중요하지 않거
나 관련성이 높지 않다면 메시지는 중심경로가 아니라 주변경
로를 통해 처리된다. 설사 관심이나 중요도가 높더라도 메시
지를 이해할 능력이 부족하면 주변경로처리가 동원된다. 이
경우 중심경로와 비교해 메시지가 처리되는 방식은 다르다.

주변경로에 의한 설득은 설득 메시지 주장이나 내용의 질
이 아니라 메시지와는 무관한 주변단서에 관한 생각이나 메
시지 주장에 대한 직감, 직관적인 추론에 의해 이루어진다.
메시지를 누가 전달하는가, 메시지가 어떤 맥락에서 전달되
는가, 그리고 메시지의 양이 많은가와 같은 주변 요인들이 태
도변화에 영향을 미친다. 광고에 등장하는 모델이 전문가인
가, 메시지 전달자의 외모가 얼마나 매력적인가, 얼마나 신뢰
할 수 있는가와 같은 요인들도 설득의 단서로 작용한다.[7] 중

6) McNeill, Brian W. (1989). Reconceptualizing social influence in counseling: The Elaboration Likelihood Model. Journal of Counseling Psychology. 36, 24-33.

7) Miller, Katherine (2005). Communication theories: perspectives, processes, and contexts. Theories of message processing. New York City: McGraw-Hill.

심경로처리와 비교해 태도변화는 약하고 오래 지속되지 않기 때문에 메시지에 대한 공격에 버티는 저항력도 상대적으로 약하며 행동에 대한 예측력도 떨어진다.

어떤 프로젝트를 수주하기 위해 발주기업을 대상으로 프레젠테이션을 하는 상황을 생각해보자. 먼저 평가자가 프로젝트의 전문가로 구성된 경우이다. 이때는 발표자의 외모나 말주변 그리고 발표물의 디자인이나 시각, 음향효과 같은 요소들은 평가에 결정적인 영향을 주지 않는다. 평가자는 오롯이 내용 그 자체에 집중하여 평가한다. 하지만 평가자가 프로젝트에는 많은 지식이 없거나 관련성이 낮은, 단지 기업의 구성원이기 때문에 평가원으로 참여하는 경우도 있다. 이들은 주변단서로 프레젠테이션을 평가할 가능성이 높다. 프로젝트 직접 관련자와 그렇지 않은 평가자는 서로 다른 경로를 통해 평가하기 때문이다.

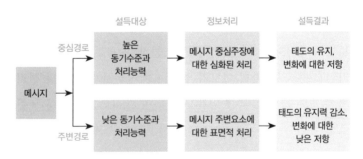

[그림 7-3] **두 가지 경로에 따른 설득현상**

두 경로에 따른 설득전략

김 과장은 TV를 새로 장만하려고 한다. 김 과장은 혁신 기술이나 새로운 제품에 관심이 매우 높기 때문에 TV 역시 매우 중요한 제품으로 생각한다. 김 과장은 전자제품을 주로 인터넷 쇼핑을 통해 구입한다. 한편, 박 차장 역시 새 TV 구입을 계획 중이다. 기술이나 기능에 대해서는 큰 관심이 없지만 TV의 전반적인 품질에 대해서는 신경을 쓴다. 단지 적당한 가격에 믿을 만한 품질의 TV를 원한다. 만약 당신이 TV 인터넷쇼핑 사이트를 운영한다면 이들을 설득하는 효과적인 방법은 무엇일까? 먼저 중심경로를 이용한 설득전략을 살펴보고 다음으로 주변경로를 이용한 설득전략을 알아보자.

중심경로가 작동할 경우에는 TV제품 정보에 대한 접근성을 높여야 한다. 사용자의 TV제품에 대한 정보 탐색과 분류를 다양한 기준으로 용이하게 할 수 있도록 설계해야 한다. 그리고 제품에 대한 기술은 상세해야 하며 다른 구매자의 제품평가 정보도 상세하고 깊이 있게 제공해야 한다.

박 차장의 경우는 TV를 구입할 계획이 있기 때문에 TV에 대한 중요도가 낮지는 않다. 하지만 김 과장과 달리 기술이나 기능 등에는 그다지 관심이 없기 때문에 단순하고 수동적인 탐색을 할 가능성이 높다. TV를 선택하고 소비자의 평가 순으로 제품을 거른다. 박 차장과 같은 사용자에게는 제품에 대한 상세한 설명이나 구매자 리뷰보다는 구매자 평가가 무엇보다 큰 영향을 미친다. 두 사람과 달리 TV를 전혀 중요하게 생각하지 않으며 단지 집에 있으면 좋은 구색제품 정도로 여기는 잠재소비자가 있다고 하자. 이 잠재소비자는 단지 가격대가 중요할 뿐이다. 잠재소비자는 사이트에 들어와서는 가장 먼저 가격대 순으로 TV를 필터링한다. 그 다음 구매자 평가가 높은 제품을 선택할 것이다. 제품 설명이나 구매자 리뷰를 꼼꼼히 읽는데 시간투자는 하지 않는다. 가장 큰 영향을 미치는 것은 원하는 가격대에서 평가점수 정보이다. 만약 '무료배송'이 큼지막하게 있다면 구입을 망설이지 않는다.

특정 제품에 대한 욕구가 매우 강하지만 그 제품에 대한 지식이 거의 없는 경우는 어떨까? 어떤 남학생은 또래 친구들이 스케이트보드를 타는 것을 알고 자기도 스케이트보드를 사야겠다고 마음먹는다. 스케이트보드는 멋진 몸매를 만드는 좋은 운동이고 이를 원하기 때문에 이 남학생에게는 매우 중요한 제품이다. 부모는 특정 가격대 미만이라면 구입해도 된다고 허락하였다. 하지만 이 남학생은 스케이트보드에 대한 지식이 거의 없을 뿐더러 온라인을 통해 제품을 구입한 경험도 많지 않다.

이 남학생은 스케이트보드를 판매하는 웹 사이트 여기저기를 클릭하다 눈길을 끄는 매력적인 첫 화면의 어떤 사이트에 멈췄다. 화면에는 멋지게 보드를 타는 남자를 소녀들이 호감 어린 눈으로 응시하는 장면이 있다. 일반적인 사이트와 달리이 사이트는 검색이 용이하게 디자인되어 있다. 스케이트보드 제품의 기술적인 지식이 거의 없기 때문에 가장 최근에 출시된 제품을 검색한다. 그리고 가장 싼 가격대 기준 내림차순으로 정렬하고는 지불 가능한 가격대 제품 몇 개를 선택한다. 이들 중에서 구매자 평가점수가 긍정적인 제품 두 개로 좁힌다. 그런데 이 중 한 제품은 배송비가 무료이다. 이 남학생은 망설이지 않고 이 제품을 구입한다.

이 남학생의 구매행동은 어떤 특징이 있는가? 첫째는 제품에 관한 정보가 별다른 역할을 하지 않는다. 둘째, 첫 화면에 제시된 매력적인 사진에 매료된다. 셋째, 이 사진은 애초에 스케이트보드를 구매하려는 목적을 바꾸어 버렸다. 몸매 만들기에서 멋진 라이프스타일 추구로 관심의 초점에 변화를 일으켰다. 스케이트보드에 상당한 지식과 경험이 있는 사람이라면 아마 이 남학생과는 전혀 다른 탐색행동을 했을 것이다.

주변단서 유형과 기능

많은 경우, 설득메시지는 주의와 관심이 낮은 상태에서 제시된다. 즉 주변경로를 통해 설득메시지가 처리될 가능성이 높다. 설득효과에 관한 많은 연구도 어떻게 하면 설득메시지에 대한 관심이 낮을 때 효과를 높일 것인지에 관심을 기울일 수밖에 없다. 지금부터는 주변경로를 통해 메시지가 처리될 때 설득효과에 영향을 미치는 요인들에 대해 살펴보기로 한다.

메시지 전달자

설득 이슈에 대해 관심이 낮을 때는 설득메시지를 누가 전달하느냐에 따라 설득효과가 영향을 받는다.[8] 광고기획자는 대부분의 사람들이 TV 광고를 볼 때 그다지 주의와 관심을 기울이지 않는다는 것을 잘 안다. 예산이 허락한다면 광고주나 광고기획자가 덜 알려진 사람보다는 널리 알려지고 많은 사람들이 좋아하는 유명인을 광고모델로 기용하려는 것도 바로 현실적인 고려 때문이다. 광고모델이 유명인이면 긍정적인 감정이 광고제품에 전이되는 효과도 있지만 무엇보다 광고에 대한 주목도가 높아진다는 것이 가장 큰 이점이다.

조건이 같다면 메시지 전달자의 매력 역시 주변단서로서 설득효과에서 중요한 역할을 한다.[9] 매력(attractiveness)을 구성하는 요인은 '친숙성', '유사성' 그리고 '호감'이다. 친숙성은 빈번한 경험으로 인해 메시지 전달자에 대해 많은 것을 아는 것이며 호감은 신체외모나 행동양식 등을 토대로 형성된 메시지 전달자에 대한 긍정적인 감정이다. 그리고 유사성은 메시지 전달자와 설득대상이 닮은 것으로 정의한다.[10] 메시지

8) Elizabeth J. Wilson & Daniel L. Sherrell (1993). Source effects in communication and persuasion research: A meta-analysis of effect size. Journal of the Academy of Marketing Science 21(2), 101-112.

9) Kenneth G. DeBono & Christine Telesca (1990). The influence of source physical attractiveness on advertising effectiveness: A functional perspective. Journal of Applied Social Psychology. 20(17), 1383-1395.

10) McGuire, W.J. (1985). Attitudes and attitude change, In: Handbook of Social Psychology, (Eds.) Gardner Lindzey and Elliot Aronson, Vol. 2, NY: Random

전달자가 친숙할수록, 호감을 가질수록 그리고 닮은 점이 많다고 느낄수록 더욱 매력을 가지며 메시지에 대한 설득효과도 증가한다.[11] 특히 제품광고의 경우, 광고모델의 신체적 매력이 클수록 제품에 대한 신념과 태도는 더욱 긍정적으로 변화하며 구매설득에도 효과적이다.[12]

설득 이슈에 따라서는 설득 메시지 전달자의 신뢰성과 전문성이 무엇보다 중요하다. 우리가 '프로(professional)'라 부르는 사람은 신뢰성이 높은 메시지 전달자이다. 특별한 훈련이나 교육을 요하는 영역에서 일하는 사람들이 주로 해당된다. 한편, 전문가는 특별한 과업이나 행위와 관련하여 높은 수준의 지식이나 기술을 지닌 사람을 말한다.[13] 설득 이슈에 대해 관심을 기울이지 않을 때는 메시지 전달자의 신뢰나 전문성이 높으면 설득효과를 높일 수 있다. 하지만 신뢰성이나 전문성의 경우에는 이슈와 관련성이 높아야 효과를 기대할 수 있다. 상식적인 말이지만 의학적 이슈의 경우에는 메시지 전달자는 다른 분야가 아닌 의학 전문가여야 한다.[14]

House.

11) Ohanian, R. (1991). The impact of celebrity spokespersons' perceived image on customers' intention to purchase. Journal of Advertising Research, 31(1), 46-54.

12) Chaiken, Shelly (1979). Communicator physical attractiveness and persuasion. Journal of Personality and Social Psychology, 137, 1387-1397.

13) Elizabeth J. Wilson & Daniel L. Sherrell (1993). Source effects in communication and persuasion research: A meta-analysis of effect size. Journal of the Academy of Marketing Science 21(2), 101-112

메시지 내용

주변경로를 통해 메시지가 처리될 때는 누가 메시지를 전달하는가와 함께 어떻게 전달하는지도 중요하다. 설득대상의 욕구나 관심에 호소하여 설득효과를 자극하는 방법은 '이성적 호소'와 '감성적 호소'로 구분한다. 이성적인 호소에서는 논리적인 주장과 신뢰할 수 있는 근거를 제시한다. 설득대상이 설득 이슈에 관심이 많고 능동적으로 메시지를 처리하고 평가할 준비가 충분히 되어있기 때문이다. 이성적 호소는 중심경로를 통해 메시지가 처리될 때 효과적이다.

감성호소는 설득대상의 감정을 자극하여 설득효과를 높이려할 때 효과적이다. 인간의 감정반응은 의식적 노력 없이 자동적으로 촉발되기 때문에 설득메시지를 처리하기 위해 의식적인 노력을 기울이지 않아도 효과를 발휘할 수 있다. 설득대상이 설득 메시지에 관심이 크지 않거나 메시지에 대한 지식이 많지 않다면 감성호소가 훌륭한 대안이다. 공포나 유머 그리고 성적 감정이 빈번히 사용되지만 감정의 유형은 매우 다양하기 때문에 설득 이슈와 설득의 목표를 고려하여 어떤 감정을 자극해야 효과적일지 결정해야 한다.

감정의 유형이 무엇이든 감성호소가 효과를 거두려면 설득대상이 반응하는 감정의 세기가 적절해야 한다.[15] 감정의 세

---

14) Till, B.D., & Busler, M. (2000). The match-up hypothesis: physical attractiveness, expertise, and the role of fit on brand attitude, purchase intentions, and brand beliefs. Journal of Advertising, 29(3), 1-3.

기와 설득효과는 '역 U'의 곡선 형태를 보인다. 공포에 호소하는 경우, 공포의 세기가 너무 강하면 설득대상은 메시지를 회피할 가능성이 크다. 세기가 약해도 효과를 보장할 수 없다. 주의를 기울이지 않기 때문이다.

비주얼의 효과

설득대상이 설득 메시지에 대해 관심이 크지 않을 때 이들의 주의를 끌고 메시지에 끌어들이는 다른 한 가지 도구는 바로 그림이나 사진과 같은 '비주얼'이다. 인간은 언어정보에 비해 시각정보를 처리하는데 훨씬 뛰어나다. 적응적인 진화의 결과라 할 수 있다. 언어정보를 처리하려면 더 많은 시간과

[그림 7-4] '동정심'을 자극하는 아동학대 방지 광고

출처: tes.com

---

15) Hibbs, Dave (2011). Effects of emotional intensity and type of appeal on motivation. The Huron University College Journal of Learning and Motivation, 49(1), Article 3.

노력이 필요하지만 비주얼은 그렇지 않다. 비주얼 정보를 처리할 때는 시간과 노력을 기울이지 않는다는 사실만 두고 보더라도 언어정보에 비해 비주얼이 설득에 미치는 영향은 클 수밖에 없다. 실제 연구에서도 사람들은 글이나 문장과 같은 언어적인 자극에 비해 비주얼 자극에 더 재빨리 주의를 기울이며[16] 비주얼 자극을 더 오래 기억하는 것으로 나타났다. 나아가 조건이 같다면 언어자극보다 비주얼 자극에 더욱 긍정적인 태도를 가진다.[17] 주변경로가 작동할 때와 같이 설득 메시지에 대한 관심이 낮을 때는 언어 메시지보다는 비주얼 메시지를 사용하는 것이 효과적이다.

주변자극으로서 비주얼의 설득효과를 더욱 높이려면 '시각적인 수사'를 사용해야 한다. 문장의 설득력을 높이기 위해 은유나 직유 그리고 과장과 같은 수사법이 사용되는 것처럼 시각수사(visual rhetoric)는 비주얼 수사를 통해 설득효과를 높이는 도구로 사용된다.[18] [그림 7-5]. 시각적인 수사 자극은 평범한 자극에 비해 일단 주의를 끄는 힘이 있다. 자극의 새로움 때문이다. 또한 단번에 메시지의 의미를 파악하기가 용이하지 않다. 메시지 의미를 파악하려면 일정의 정신 에너지가

16) Bolen, W. H. (1984). Advertising(2nd ed.). New York: Wiley

17) Kisielius, J., & Sternthal, B. (1984). Detecting and explanning vividness effects in attitudinal judgments. Journal of Marketing Research, 22(September), 54-64.

18) Danesi, Marcel (2017). Visual rhetoric and semiotic. Oxford Research Encyclopedia of Communication.

[그림 7-5] 담배를 권총, 흡연을 자살로 시각화한 금연캠페인

투입되어야 한다. 그 결과로 '이해'를 하게 되었을 때 메시지에 대한 기억은 향상되고 메시지에 대해서도 긍정적인 태도를 가지게 된다.

설득 기회 포착

특정 이슈에 대해 사람들이 언제나 높은 관심 상태나 관련성을 유지하지는 않는다. 특정 제품이나 브랜드의 마니아는 상황에 관계없이 지속적으로 높은 관심 상태를 유지한다. 하지만 우리 대부분은 특정 이슈나 제품 또는 브랜드에 대해 상황에 따라 개인적인 중요도나 관심이 변하는 것이 보편적이다. 평소에는 깨끗한 공기에 관심이 없더라도 미세먼지가 심한 날에는 청정 공기에 대한 관심이 높아지기 마련이다. 현명한 설득전략가라면 이점을 이해하는 것을 넘어 설득에 활용할 줄 알아야 한다.[19] 먼저 몇 가지 사례[20]를 보자.

◎ 미국의 한 엔진오일 제조사는 기온이 영하로 떨어지는 날 아침 출근을 위해 차에 시동을 걸 때 엔진오일에 대한 소비자의 관심이 고조된다는 점을 간파했다. 기온이 내려가면 그렇지 않은 날에 비해 시동을 걸 때 소비자는 엔진 소리에 민감하다는 것을 알아낸 것이다. 이러한 통찰을 토대로 기발한 라디오 매체와 광고 전략을 세웠다. 기온이 영하로 내려가는 날의 아침 출근시간에는 자사의 엔진오일 라디오 광고가 방송되도록 매체계획을 입안하였다.

◎ 여성들은 대체로 화장품에 대해 비교적 지속적으로 높은 관심을 가지지만 관심의 수준은 항상 일정하지는 않다. 한 화장품 기업은 여성은 세안 직후 거울에 비친 자신의 얼굴을 볼 때 피부에 대한 관심이 최고조에 달한다는 것을 소비자 조사를 통해 알아내었다. 이러한 통찰은 매체집행 시간대의 결정뿐만 아니라 광고 메시지 구성에도 큰 도움이 되었다.

19) 예컨대, Muehling, D. D., & Laczniak, R. N. (1988). Advertising's immediate and delayed influence on brand attitudes: Considerations across message-involvement levels. Journal of Advertising, 17(4), 23-34.
20) 우석봉(2017). 광고효과의 심리학(서울: 학지사)에서 발췌, 인용하였음.

◎ 주량이 적은 사람은 회식자리가 마냥 즐겁지는 않다. 과음을 하거나 몇 차에 걸쳐 음주를 하면 속이 불편하다. 직장인이라면 빠지기도 쉽지가 않다. 숙취해소 제품 마케터는 직장인을 대상으로 숙취해소 제품의 판매를 계획했다. 언제, 어디서 제품 메시지를 노출하면 가장 효과적일지 고민 끝에 2차 술자리에 가서 속이 편치 않을 때 숙취해소 제품에 대한 관심이 높아진다는 것을 알았다.

[그림 7-6]을 보라. 한 환경보호단체가 화장지 용기를 이용하여 환경보호를 위한 종이 절약 캠페인을 전개하였다. [그림 7-7]은 길에 볼록거울을 설치하고 거울 하단에 자사의 다이어트 제품을 광고한 것이다. 앞의 세 가지 사례와 두 가지 그림의 공통점을 발견하였는가? 바로 '적절한 때, 적절한 공간 또는 메시지 전달 도구를 통해 적절한 메시지'를 제시하는 것이다.

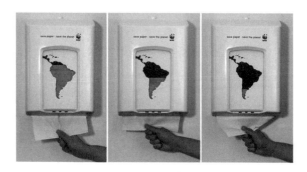

[그림 7-6] 화장지 용기를 이용한 환경보호 메시지

출처: cucocreative.co.uk

[그림 7-7] **거울을 이용한 다이어트 제품 광고**

출처: adeevee

　이 전략은 특정 이슈에 대한 사람들의 관심이 항상 높지 않다는 점을 고려한 것이다. 특정 이슈에 대한 관심이 가장 고조될 바로 그때 최적의 미디어나 전달도구를 통해 최적의 설득 메시지를 제시하는 것이다. 엔진오일은 영하로 기온이 떨어지는 날 아침 출근시간 시동을 걸 때, 화장품은 세면 직후 거울을 볼 때 그리고 숙취해소 제품은 속이 불편함에도 마지못해 술자리를 지켜야 하는 그 때가 설득메시지에 대한 관심이 가장 고조된다는 것을 간파했다. [그림 7-6]과 [그림 7-7][21]은 관심을 '계획적으로 야기'한다는 점에서 차이가 있

---

21)그림 [7-6], [7-7]와 같은 메시지 전달 도구를 '환경 매체(ambient media)' 라 한다.
　환경매체는 미디어 환경이 복잡해지고 청중에게 도달하는 것이 점차 어려워지면서
　주변에 산재한 사물을 메시지 전달매체로 이용한 것이다. '비 전통 매체' 또는 '대안
　매체'라고도 한다.

다. 휴지를 쓸 때 환경보호에 대해 생각하게 만든다. 거울을
볼 때는 관리를 게을리 한 자신을 뒤돌아보게 한다. 바로 이
때 설득메시지가 노출되면 관심과 주의가 고조되어 설득효과
가 높아진다.[22]

22) Sandra Moriarty, Nancy D. Mitchell, William D. Wells, Robert Crawford, Linda
    Brennan, & Ruth Spence-Stone (2015). Advertising: Principles and practice.
    Pearson.

핵심과 적용

- 설득의 두 가지 경로의 차이와 특성을 숙지하라.
- 설득대상이 당신의 설득 메시지를 어떤 경로를 통해 처리할지 고려하여 설득전략을 수립하라.
- 많은 경우, 중심경로보다는 주변경로가 작동함을 염두에 두자.
- 주변단서들의 유형을 숙지하고 설득대상에게 가장 효과적인 주변단서가 무엇인지 결정하라.
- 비주얼을 충분히 활용하라. 비주얼은 문자보다 효과적일 때가 많다.
- 기다리지 말고 촉발하라. 당신의 설득 이슈에 대한 설득대상의 관심은 당신의 계획에 따라 촉발할 수 있다는 점을 염두에 두자.

8

직관적
판단편향과
설득

인간은 효율성을 추구하는 존재이다. 특정 사안에 대한 문제를 부족함 없이 해결하려면 가능한 요인을 모두 고려해야 하지만 이는 현실적으로 불가능하다. 뿐만 아니라 즉각적으로 결정을 해야 하는 경우에 시간제약은 피할 수 없는 장애물이다. 그럼에도 불구하고 우리가 생존을 하려면 최소한의 정보와 시간으로 가장 실현가능한 해결책이 필요하다. 이런 경우 우리는 가장 이상적인 답은 아니지만 현실적으로 만족할 만한 수준의 해답을 찾는다.

1978년에 노벨 경제학상을 수상한 심리학자 허버트 사이먼(Herbert A. Simon)은 우리들의 일상 판단이 합리적이지 않다는 제안을 하였다. 인간의 판단은 정보를 처리하는 용량의 제한뿐만 아니라 한정된 정보에서 이루어지기 때문이다. 2002년에 역시 노벨 경제학상을 수상한 심리학자 아모스 트버스키(Amos Tversky)와 대니얼 카너먼(Daniel Kahneman)[1]은 다양한 연구를 통해 사이먼의 제안을 판단과 의사결정에서의 인지편향성으로 발전시켰다. 어떤 문제에 직면했을 때 그 문제를 해결하는 방법이 없거나 현실적으로 불가능할 때, 혹은 문

---

1) '행동경제학'의 토대를 제공하였다. 행동경제학은 인간을 합리적 존재로 규정했던 전통 경제학에서 탈피하여 인간의 판단과 의사결정은 합리적이지 않다는 것을 강조한다.

[그림 8-1] **어림법은 일상의 판단에서 매우 효율적으로 작동한다.**

제를 풀기 위한 정보가 완전히 주어지지 않을 때, 확립된 절차에 따라 답을 구할 수 있을 정도로 문제가 명확하게 정의되지 않았을 때 우리는 경험이나 직관 등에 토대한 '어림법'을 사용한다.[2] 가능하면 적은 정신적인 노력으로 판단에 이르려는 경향과 무관하지 않다. 이러한 문제해결 성향을 잘 이해하면 설득효과를 높일 수 있다. 우리는 앞 장에서 '두 가지 경로에 의한 설득'에 대해 알아보았다. 지금부터 살펴볼 다양한 어림법들은 주로 '주변경로'가 작동할 때 사용된다는 점을 염두에 두어야 한다.

---

2) 이를 '휴리스틱(heuristics)' 이라고 한다.

기준점의 설득효과

다음의 문제에 답해보라. $1 \times 2 \times 3 \times 4 \times 5 \times 6 \times 7 \times 8$은 대략 얼마가 되겠는가? 그러면 이번에는 거꾸로 8부터 시작해서 1에서 곱셈이 끝났을 때는 대략 얼마이겠는가? 두 문제는 순서만 다를 뿐 같은 수를 곱했기 때문에 당연히 추정치도 비슷하게 나올 것이라 생각한다. 하지만 실제 사람들에게 답을 추정하라고 하면 상당히 큰 차이를 보인다.

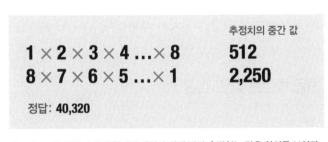

[그림 8-2] 같은 수를 곱하지만 제시 순서에 따라 추정치는 많은 차이를 보인다.

1부터 2, 3 순으로 곱한 경우 사람들이 답한 추정치의 중간 값은 512로 나왔고 8부터 7, 6 순으로 곱한 경우의 추정치의 중간 값은 2,250으로 나왔다. 왜 이러한 차이를 보일까? 사람들은 판단을 할 때 자신도 알아차리지 못하지만 판단 당시에 사용가능한 어떤 단서나 정보에 이끌린다. 위 문제의 첫 번째 질문에서 사람들은 적은 수(1)에 끌려 추정치를 판단하였고

두 번째 질문에서는 큰 수(8)의 끄는 힘에서 벗어나지 못했기 때문이다.[3]

　다른 예를 하나 더 보자. 지금껏 없었던 혁신적인 인공지능 전자제품이 출시를 기다리고 있다고 하자. 한 그룹의 소비자에게 '이 제품의 판매가는 1,000만원 보다 높을까요? 아니면 낮을까요?' 라고 질문한 뒤에 판매가를 추정해 보라고 하고 다른 한 그룹의 소비자에게는 '이 제품의 판매가는 100만원보다 높을까요? 낮을까요?' 라고 질문하고 판매가를 추정하라고 하면 두 번째 그룹에 비해 첫 번째 그룹의 평균 예상 판매가가 훨씬 높게 나온다. 이 역시 1,000만원 또는 100만원이라는 기준 정보가 판단에 영향을 미치기 때문이다.

처음 부르는 값의 효과

　당신이 무언가를 사려고 홍정을 할 때 처음에 제안받은 홍정가의 영향에서 벗어나기란 쉽지 않다. 협상은 더 나은 조건에 있을 때 유리하다. 더 나은 조건으로 협상하려면 어떤 사람은 처음에 세게 부르는 것이 좋다고 하고 어떤 사람은 세게 부르는 것은 좋은 방법이 아니라고 한다. 당신이 홍정을 유리하게 하려면 어떤 전략이 더 유리할까?

3) Tversky, A. & Kahneman, D. (1974). Judgment under uncertainty: Heuristics and biases. Science. 185(4157): 1124-1131.

대학생을 두 그룹으로 나누었다. 물건을 판매하는데 얼마를 받을 것인지 결정하도록 하였다. 똑같은 물건을 파는데 A그룹에는 첫 제안을 700달러 이상으로, B그룹에는 700달러 밑으로 했다. 그런데 A그룹이 제안한 판매 금액의 평균은 625달러 그리고 B그룹의 판매 금액의 평균은 425달러였다. 단지 제안 가격만 달리했을 뿐인데 받아야 한다고 생각하는 가격 차이는 평균 200달러였다. 제안 가격이 판단의 기준으로 작용한 것이다. 불확실한 상황에서 구체적인 숫자 등의 정보가 제시되면 그것으로부터 협상이 시작되기 때문이다. 그렇게 되면 의식하지 않은 상태에서 그 지점이 심리적 기준선이 되어[4] 협상을 더욱 유리하게 이끌 수 있다.

기준의 제시방법과 설득

한 연구[5]에서는 묶음 단위의 판매가 매출에 어떤 영향을 미치는지 알고자 했다. 예컨대, '세일 중 − 화장지 4개 묶음에 2달러'로 판매했을 때와 '세일 중 − 화장지 하나에 0.5달러'로 판매했을 때 매출은 어느 쪽이 더 좋았을까? 두 경우 모두 화

4) Kristensen, Henrik & Gärling, Tommy (1997). The Effects of anchor points and reference points on negotiation process and outcome. Organizational Behavior and Human Decision Processes. 71(1): 85-94.

5) Wansink, Brian, Kent, Robert J., & Hoch, Steve (1998). An anchoring and adjustment model of purchase quantity decisions. Journal of Marketing Research, (February 1), 71-81.

장지 하나의 가격은 0.5달러로 동일하다. 하지만 '묶음 가격'으로 제시했을 때 40%가 더 판매되었다. 구매자는 가격을 판단할 때 자신도 모르게 '4개'를 기준으로 사용한 것이다.

쇼핑을 할 때 몇 개 이상 살 수 없다는 '구매제한' 조건을 우리는 한 번쯤 경험해 보았을 것이다. 예컨대, '일 인당 n 개 이상 구매할 수 없습니다'와 같은 문구를 판매 현장에서 자주 본다. 구매량을 제한할 때와 그렇지 않을 때 실제 구매량에 영향을 미칠까? 결론부터 말하자면 구매량에 영향을 미친다. 구매 개수를 제한하면 그렇지 않을 때에 비해 인당 구매량은 '증가'한다.[6] 왜 그럴까?

구매 개수를 제한하면 우리는 대개 특정 고객이 싹쓸이를 못하게 하려고 방지차원에서 구매 개수를 제한한다고 생각한다. 하지만 구매개수를 제한하는 목적은 다른 데 있다. '개당 가격 1,000원'이란 사실을 알리기 위해 팻말을 설치한다고 하자. 제품이 진열된 곳에 이 팻말만 설치할 수도 있고 또는 이 팻말과 함께 '인당 n 개만 살 수 있습니다.' 란 팻말을 함께 설치할 수 있다. 이 경우에도 후자의 조건일 때 더 많이 판매된다. 바로 구매제한을 알리는 개수(n 개)가 기준선으로 작용하여 구매량이 증가하기 때문이다. '일인당 5개제한'이라고 하면 '5'가 기준선으로 작용하여 실제 한 두 개를 구매할 고객도 서 너 개를 구매하는 효과를 발휘한다.

---

6) 7)과 동일 연구.

무관한 정보와 설득

당신이 구매하거나 협상을 할 대상과 직접적인 관련이 없
는 우연히 접하는 정보도 기준으로 작용할까? 예컨대, 당신이
구두를 사고자하는데 구두와는 무관한, 구두 코너 옆의 가방
코너의 가방가격이 영향을 미칠까? 흥미로운 의문이 아닐 수
없다.

한 연구[7]에서, 실험참가자에게 어떤 레스토랑에 대한 안내
글을 읽게 한 뒤에 음식 값으로 얼마까지 지출할 의사가 있는
지 질문했다. 한 집단에게는 '스튜디오 17'을 레스토랑의 이름
으로 제시했고 다른 한 집단에게는 '스튜디오 97'을 레스토랑
의 이름으로 제시했다. 물론 상호를 제외하고 설명문의 내용
은 동일했다. 놀랍게도, '스튜디오 97'을 상호로 제시한 집단
은 평균 32달러를 지출하겠다고 하였고 '스튜디오 17'을 상호
로 제시한 집단은 평균 24달러를 지출하겠다고 응답했다. 유
사한 실험에서, CD 구입을 위해 얼마까지 지출할 의사가 있
는지 질문했다. 한 조건에서는 CD 가게 건너편의 스웨터 가
게에서 판매하는 스웨터의 가격표가 80달러였고 다른 조건에
서는 스웨터의 가격표가 10달러였다. 이 연구에서도 스웨터
가격이 80달러일 때 실험참가자들은 CD 구매에 더 많은 돈을

---

7) Joseph Nunes & Peter Boatwright (2004). Incidental prices and their effect on
willingness to pay. Journal of Marketing Research, 41, 457-466.

지출하겠다고 응답하였다.

다른 연구[8]에서는 실험에 참가한 사람들에게 자신의 사회보장번호의 끝 두 자리를 적게 하였다. 그리고는 확실하게 값어치를 매길 수 없는 물건들에 대해 사회보장번호의 마지막 두 자리 수의 달러를 지불할 의사가 있는지 고려해볼 것을 요청했다. 이어서 지불의사를 고려하게 했던 그 물건의 경매에 참여하게 했다. 결과는 예상한 대로였다. 사회보장번호 끝자리 수가 높았던 실험참가자는 끝자리 수가 낮았던 사람에 비해 훨씬 더 높은 입찰가를 제시했다. 위의 연구들은 구매나 판단대상과 비록 무관한 정보이고, 이러한 정보의 영향을 전혀 의식하지 못하였음에도 불구하고 강력한 기준선으로 작용한다는 것을 보여준다.

기억접근성과 설득효과

비행기 추락 사고가 일어난 직후에는 통상 비행기 이용률이 현저하게 감소한다는 것을 우리는 지난 경험을 통해 익히 알고 있다. 사고 직후라도 비행기 추락 사고가 발생할 확률은 동일한데도 말이다. 이런 현상은 어떤 정보가 기억에 잘 떠오

---

8) George Loewenstein (2007), Exotic preferences: Behavioral economics and human motivation, Oxford University Press.

르거나 생생할 경우에는 객관적인 실제와는 무관하게 판단에 영향을 미친다는 것을 보여준다. 그렇다면 왜 이런 현상이 일 어날까?

비행기 추락 사고가 발생하면 각종 언론은 이를 집중적으 로 다룬다. 기사를 접할 때마다 사고에 대한 기억은 우리 머 리에 깊은 흔적을 남기기 때문에 사건을 떠올릴 가능성도 높 아진다. 여기서 그치는 것이 아니다. 기억에 쉽게 떠오르는 사건에 대해서는 그 사건이 다시 발생할 확률을 과대 추정하 는 경향이 있다는[9] 것이 설득에서 중요한 함의를 가진다. 그 렇기 때문에 비행기 추락사고 이후에는 비행기 이용률이 감 소한다.

두드러지는 정보 효과

비행기 추락 사고처럼 언론의 집중 조명을 받는 사건은 일정 기간에 자주 노출될 뿐만 아니라 사건 그 자체가 매우 두드러 지게 인식된다. 평소에 일상적으로 접하는 사고와 비교해 특이 하기 때문이다. 여러 동질적인 자극이 있을 때 특정 자극이 두 드러지면 그 자극에 대한 기억이 향상되는 경향이 있다.[10] 소

9) Tversky, A., & Kahneman, D. (1974). Judgment under uncertainty: Heuristics and biases. Science, 185, 1124–1131.
10) 이를 'Von Restorff Effect'라 한다.: Amanda, Parker, Edward, & Wilding Colin, Akerman (1998). The Von Restorff effect in visual object recognition memory

[그림 8-3] **두드러지는 자극은 더 잘 기억된다.**

비자 입장에서 흔치 않은 사고나 이슈가 기업에는 치명적인 부
정적 결과를 가져다주는 이유도 바로 이 때문이다.

활성화된 기억의 효과

극단적이거나 두드러지는 사건이 아니라도 평소에 자주 접
하는 정보 역시 판단에 영향을 미친다. 특정 사건을 편향적으
로 자주 다루는 특정 신문의 구독자는 비구독자에 비해 그 사
건을 과도하게 판단하는 경향을 보인다.

한 연구[11]에서는 특정 질환의 약 광고를 기억하도록 한 사
람과 그렇지 않은 사람을 비교하였는데, 약 광고를 기억하도
록 했을 때는 아무런 지시를 하지 않았을 때에 비해 그 약과
관련된 질환의 발병률이 더 높을 것으로 추정했다. 의사를 대

in humans and monkeys: The role of frontal/perirhinal interaction. Journal of
Cognitive Neuroscience. 10 (6), 691-703.

11) An, S. (2008). Antidepressant direct-to-consumer advertising and social
perception of the prevalence of depression: Application of the availability
heuristic. Health Communication, 23(6), 499-505.

상으로 한 연구[12]에서도 의사가 최근에 어떤 질환을 진단했
느냐에 따라 유사 증상에 대해 동일한 진단을 할 가능성이 증
가한다는 것을 발견했다.

단지 상상하도록 하는 것도 유사한 효과를 발휘한다는 연구
가 있다. 1976년 미국 대통령 선거 직전에 무작위로 유권자를
두 집단으로 구분한 뒤에 한 집단의 유권자에게는 당시 후보였
던 제럴드 포드가 당선되는 상상을 하도록 하고 다른 유권자들
에게는 지미 카터 후보가 당선되는 상상을 하도록 했다. 이어
서 대통령 선거에서 실제 누가 당선될 것 같은지를 물었다. 실
험에 참가한 유권자의 성향에 관계없이 누구를 상상했는지에
따라 상상했던 후보의 당선 가능성은 확연한 차이를 보였다.

마케팅 영역에서도 유사한 경향이 나타남을 보고하는 연
구가 있다. 예컨대, 특정 가게에서 판매하는 제품들의 가격을
기억하게 했을 때 저렴한 가격의 제품을 많이 기억할수록 그
가게의 전반적인 가격 이미지에도 영향을 미쳤다. 반대 현상
도 나타났다.[13] 만약 소비자가 특정 기업의 실패한 제품들을
쉽게 떠올리는지 성공적인 제품을 쉽게 떠올리는지에 따라
기업에 대한 평가도 영향을 받는다.[14]

12) Poses, R. M., & Anthony, M. (1991). Availability, wishful thinking, and physicians' diagnostic judgments for patients with suspected bacteremia. Medical Decision Making, 11(3), 159-168.

13) Ofir, C., Raghubir, P., Brosh, G., Monroe, K. B., & Heiman, A. (2008). Memory-based store price judgments: the role of knowledge and shopping experience. Journal of Retailing, 84(4), 414-423.

생생한 정보의 효과

구체적이고 생생한 정보를 제시하는 것과 어떤 상황을 모사(simulation) 하는 것도 판단에 영향을 미치는 '어림전략' 중의 하나이다. 관광 상품을 마케팅할 경우 단지 상품의 정보를 제공하는 것 보다는 관광지에서 소비자가 경험하는 감정이나 상황을 생생하게 상상하도록 한다면 평가에 더욱 긍정적인 영향을 미친다.

'브랜드 스토리텔링'이 브랜드 마케팅의 효과적인 방법인 것도 이 때문이다. 브랜드의 탄생이나 출시에 얽힌 자세하고도 생생한 스토리의 힘은 이야기 그 자체 보다는 차별적인 스토리가 담아내는 다양한 감정과 상황 그리고 상상을 불러일으키는데 있다. 많은 소비자를 대상으로 한 어떤 제품에 대한 평가 자료가 소수의 소비자를 대상으로 한 평가에 비해 더욱 객관적이므로 우리는 당연히 통계자료가 판단에 더욱 영향을 미치리라 생각한다. 하지만 실상은 그렇지 않다. 오히려 사람들은 통계자료보다 사례정보의 영향을 더 많이 받는다.[15]

'친숙함'도 판단과 선택에 영향을 미치는 효과적인 방략이 될 수 있다. 미국 대학생과 독일 대학생을 대상으로 한 연구

---

14) Folkes, V. S. (1988). The availability heuristic and perceived risk. Journal of Consumer Research, 15(1), 13-23.

15) Taylor, S. E., & Thompson, S. C. (1982). Stalking the elusive "vividness" effect. Psychological Review, 89(2), 155-181.

에 의하면, "밀워키와 디트로이트 중에서 어느 도시의 인구가 더 많은가?"라는 질문에 미국 대학생은 40% 정도만 정답을 맞힌데 비해 독일 대학생 대부분은 정답을 맞혔다. 우리나라의 경우도 비슷하겠지만 밀워키보다는 자동차 산업으로 유명한 디트로이트라는 도시가 더욱 친숙하다. 독일의 경우도 마찬가지이다. 미국 대학생은 자신의 경험이나 지식을 나름 동원하여 선택을 하였지만 독일 대학생은 거의 전적으로 도시이름의 친숙함에 의존해 선택을 한 것이다.

신제품이 두 회사에서 동시에 출시되었다고 하자. 만약 어느 회사의 제품이 더 나을 것인지 판단하게 하면 회사에 대한 선호와 무관하게 친숙한 회사의 제품을 선택하는 경향을 보인다. 친숙함이 효과적인 어림전략인 이유는 진화과정과도 무관하지 않다. 친숙하다는 것은 자주 접했음에도 불구하고 생명에 위협적이지 않음을 방증하는 것이기에 우리는 친숙한 대상에 더욱 끌리는 경향을 보인다.

희소성과 설득

어떤 대상이나 자원을 쉽게 얻을 수 없을 때 우리는 그것을 더욱 가치 있다고 생각하는 경향이 있다.[16] 마케팅 장면에서

---

16) Cialdini, R.B. (2008). Influence: Science and practice, 5th ed. Boston: Pearson.

는 이를 전략적으로 이용한다. '희소성'의 활용은 마케팅에서
가장 많이 사용하는 어림방략 중 하나이다. 구매 가능한 시간
을 제한하기보다는 구매 가능한 수량을 제한하는 것이 더욱
효과적이다. 수량을 제한할 경우 당장 구입하지 않으면 손해
볼 수 있다는 소비자들 간의 경쟁심을 더 강하게 유발한다.[17]

  한 실험[18]에서 실험참가자들에게 두 가지 손목시계 광고를
제시했다. 한 광고에서는 "한정판, 서두르세요. 재고 소진임
박." 이라는 광고 문구를 제시하였고 다른 광고에서는 "새 제
품, 다수 보유." 라는 문구를 제시하였다. 그런 다음 참가자들
에게 제품구입을 위해 얼마까지 지불할 의사가 있는지 물었
다. '한정판' 광고 문구를 본 참가자는 비교 참가자들에 비해

[그림 8-4] 얻기 어려운 대상에 더 많은 가치를 부여한다

17) Aggarwal, P., Jun, S. Y., & Huh, J. H. (2011). Scarcity messages. Journal of
    Advertising, 40(3), 19-30.
18) Lee, S. Y., & Seidle, R. (2012). Narcissists as consumers: The effects of
    perceived scarcity on processing of product information. Social Behavior and
    Personality, 40(9), 1485-1500.

50%를 더 지불할 의사가 있다고 답했다.

홈쇼핑 방송 화면의 하단에는 항상 판매마감 시간을 알리는 장치를 마련하고 있다. 몇 개 남지 않았다는 경고성 멘트도 수시로 나온다. 홈쇼핑 방송에서 품절이 임박한 제품을 구입한 적이 있다면 당신은 희소성의 지름길로 들어간 것이다. 이러한 희소성 효과는 소비자가 구매할 계획이 없던 제품도 구매하게 하는 효과를 발휘한다.[19]

전형성과 설득

다음의 광고 문구를 보자. "이번에 출시되는 신형 쿠페는 다른 어떤 쿠페보다 가볍습니다. 차의 무게대비 파워가 강하기 때문에 핸들링과 주행성능이 훨씬 좋습니다." 자, 이 신차의 차종은 무엇이라고 생각하는가? 아마 많은 사람들은 신형 쿠페를 승용차보다는 미니 스포츠카로 추정할 가능성이 크다. 왜 그럴까? 광고 문구에 표현된 차는 일반 승용차보다 우리 머릿속에 있는 미니 스포츠카의 원형(prototype)에 더 가깝기 때문이다.

---

19) Johnson, E. J., Shu, S. B., Dellaert, B. G.C., Fox, C. R., Goldstein, D. G., Häubl, G., Larrick, R. P., Payne, J. W., Peters, E., Schkade, D., Wansink, B., & Weber, E. U. (2012), Beyond nudges: Tools of a choice architecture, Marketing Letters, 23, 487-504.

　우리는 어떤 것을 판단할 때 이미 우리가 가지고 있는 전형적인 표본 즉, 원형과 비교하는 경향이 있다. 이러한 유형의 직관적인 판단성향은 1970년대에 심리학자 아모스 트버스키 (Amos Tversky)와 대니얼 카너먼(Daniel Kahneman)이 다른 직관적인 어림전략과 함께 제안하였다. 어떤 대상이나 사건을 판단할 때 그것이 우리의 원형과 일치하면 실제와는 관계없이 발생 확률을 과대 추정한다.

　"A양은 뉴 에이지를 즐겨 들으며 매일 점성술에 관한 책을 읽는다. 여유가 있을 때 A양은 방향요법을 즐기며 기도모임에도 자주 참석한다." A양은 학교 교사일까요? 아니면 대체요법 치료사일까요? 많은 사람들이 A양은 교사라기보다는 치료사일 거라고 대답할 것이다. 왜 그럴까? 위의 묘사는 교사보다는 치료사에 대한 이미지에 더 가깝기 때문이다. 하지만 우

[그림 8-5]
피의자는 유죄일까? 무죄일까? 범죄자에 대한 원형은 법정 장면에서 배심원 판단에 심대한 영향을 미친다.
출처: verywellmind.com

리가 좀 더 신중하게 판단하려면 확률을 따져 봐야 한다. A양이 대체요법 치료사일 확률보다는 교사일 확률이 훨씬 높다. 확률을 고려한다면 치료사보다는 교사를 답하는 것이 더욱 정확한 판단이겠지만 우리가 가진 치료사에 대한 원형은 확률을 무시하고 다른 방향으로 판단을 밀어붙인다.

전형성 효과에 관한 트버스키와 카너먼의 고전적인 연구[20]를 살펴보자. 어떤 남자 학생을 묘사한 글을 실험참가자에게 제시하였다. '질서가 잡히고 명료한 것에 대한 욕구가 강하며 일상의 모든 것을 깔끔하고 잘 정돈된 상태로 유지한다.'와 같은 성격 특성과 함께 '지능은 높지만 창의적이지는 않다.'는 설명이 곁들여졌다. '글은 읽기 지루하고 기계적이며 다른 사람과 어울리는 것을 그다지 좋아하지 않고 동정심을 가지지도 않는다.' '엄격한 도덕적 잣대를 가지지만 매우 자기중심적이다.'와 같이 묘사되었다.

실험참가자를 세 집단으로 나누고 각 집단별로 각기 다른 과제를 부여했다. 첫 번째 집단에게는 9개의 전공 목록을 제시하고 묘사한 남학생의 전공은 무엇일지 질문했는데 대부분의 참가자는 남학생의 전공이 공학일 거라고 대답했다. 두 번째 집단에게는 9개의 전공 중에서 남학생의 전공일 확률에 대해 질문했다. 두 번째 집단의 추정은 첫 번째 집단과 유사했다. 마지막 집단에게는 글에서 묘사한 것과는 무관한 질문을

---

20) 73)과 동일 출처

하였다. 9개 전공에 진학한 대학원생의 비율을 추정하도록 하였다. 실제 연구를 진행한 대학에서 공학 전공자의 비율은 낮음에도 불구하고 남학생의 전공이 공학일 거라고 추정한 비율이 높았다. 즉 확률을 무시하고 공학도에 대한 전형성을 토대로 추정한 것이다. 이러한 현상은 일상에서도 쉽게 발견할 수 있다. 피의자에 대한 배심원의 유무죄 판단, 직업에 대한 판단, 직업에 따른 성격의 판단 등 우리의 판단은 우리가 머릿속에 가지고 있는 원형에 의해 얼마든지 각색될 수 있으며 이는 설득효과와 연결된다.

전형성과 관련하여 고정관념(stereotype)의 역할을 무시할 수 없다. 위의 연구에서 남학생의 전공을 공학으로 추론하는 것도 성과 관련된 고정관념과 무관하지 않다. 경우에 따라서는 고정관념의 영향을 최소화하는 것이 설득효과를 거두는 데 필요한 조건일 수도 있다. 어떤 방법이 있을까? 예컨대 성이나 직업 등과 같이 고정관념이 촉발될 가능성이 높을 때는 고정관념과는 무관한 정보를 추가로 제공하면 고정관념의 효과를 약화할 수 있다. [21] 실험참가자에게 '폴(Paul)'과 '수잔(Susan)'이라는 이름 이외에 아무런 정보도 제공하지 않고 이 두 사람 중에서 자기주장이 강한 사람은 누구라고 생각하는지 물었다. 대부분은 '폴'이라고 대답했다. 이러한 결과는 성

21) Zukier, Henry (1982). The dilution effect: The role of the correlation and the dispersion of predictor variables in the use of nondiagnostic information. Journal of Personality and Social Psychology. 43(6), 1163-1174.

고정관념에서 비롯된 것이다. 다른 집단의 참가자들에게는 이름 이외에 폴과 수잔의 어머니는 직장을 다닌다는 정보를 추가로 주었다. 이 집단에서는 성의 고정관념 효과가 나타나지 않았다. 폴과 수잔의 자기주장 강도는 비슷할 것으로 추론했다. 이는 추가정보가 지닌 '희석효과(dilution effect)' 때문이다. 고정관념과 무관하거나 진단적 가치가 없는 정보는 고정관념의 힘을 약화하는 효과를 가진다.

권위와 설득

우리는 때로 설득내용과는 무관하게 단지 설득메시지 주창자가 사회적으로 권위 있는 사람이기 때문에 그의 의견을 신뢰하고 동조한다. 알게 모르게 우리는 다양한 분야에서 권위의 영향을 받아 설득당하는 경향이 있다.[22] 메시지 내용과 관련이 없더라도 권위 있는 사람의 의견은 정확할 것이라는 편향을 가지기 때문이다.[23]

이러한 경향성은 한 사회에서 성장을 하면서 내재화 과정을 거쳐 우리에게 깊이 새겨진다. 독재체제를 제외한 대부분

---

22) Juárez Ramos, Veronica (2019). Analyzing the role of cognitive biases in the decision-making process. Hershey, PA: IGI Global.

23) Milgram, Stanley (1974). Obedience to authority: An experimental view. New York : Harper & Row

의 사회는 자원의 생산과 분배, 교환 그리고 정당한 사회통제를 위해 권위체계를 수용한다. 이와 같은 '체제 정당화' 관점에 의하면, 대부분의 사람들은 권위 있는 사람은 그만한 위치에 오를 이유가 있기 때문에 그 사람의 의견을 수용하고 결정에 복종하는 것은 문제가 되지 않는다고 생각한다. 이런 심리적인 현상은 가능한 안정되고 지속적이며 그리고 정당한 사회체제를 유지하려는 동기에서 비롯된다.[24]

1966년에 흥미로운 한 연구[25]가 실험실이 아닌 실제 병원 현장에서 수행되었다. 간호사에게 전화를 걸어 가상의 이름을 대면서 같은 병원의 의사라고 밝힌 뒤 병원에서 처방하지 않던 새로운 약을 알려주며 이 약을 과다복용하면 위험하므로 복용량을 지킬 것을 당부하였다. 얼마간 시간이 지나고 지시를 했던 의사가 다시 간호사에게 전화를 걸어 신약의 처방전을 전달했으니 환자에게 복용하게 했다. 그런데 처방전에는 의사가 지킬 것을 당부했던 용량의 두 배에 달하는 복용지시가 있었다. 당신이 간호사라면 어떻게 할까? 만약 이러한 상황이 발생하면 어떻게 할 것인지 질문했을 때 모든 간호사는 처방전을 담당 의사에게 확인해야 한다고 답했다. 하지만 놀랍게도 실제 현장실험에서는 22명의 간호사 중에서 21명의

---

24) Browstein, Michael (2016). Implicit bias and philosophy, Volume 1: Metaphysics and Epistemology. Oxford: Oxford University Press.

25) Hofling, C. K., Brotzman, E., Dalrymple, S., Graves, N. & Bierce, C. (1966). An experimental study of nurse-physician relations. Journal of Nervous and Mental Disease, 143, 171-180.

간호사가 지시를 그대로 따랐다! 더욱 놀라운 것은 실제 그 병
원에는 어떤 경우라도 처방전은 전화로 지시 받아서는 안 된
다는 규정이 있었다. 이 연구는 사람들 자신은 정작 권위의
영향력을 과소평가 하면서도 권위를 지닌 사람에 대해서는
별다른 의문 없이 복종[26]할 수 있음을 보여준다.

밀그램의 실험

권위에 대한 복종현상을 체계적으로 연구하고 밝힌 심리학
자는 스탠리 밀그램(Stanley Milgram)이다. 예일 대학교의 심
리학 교수이던 밀그램은 1961년에 논쟁을 불러일으키는 실험
을 진행하였다.[27] 2차 대전에서 독일군이 유대인에 저질렀던
만행으로 재판에 회부된 전범자가 왜 그러한 행동을 하였는
지에 대한 의문을 규명하고자 했다. 끔찍한 만행을 전범자 개
인의 탓으로 돌려야 하는지에 의문을 가졌던 것이다. 밀그램
은 지역광고를 통해 실험에 참여할 사람들을 모집하였다. 이
들에게는 기억에 관한 연구를 수행하는 것이 연구목적이라고
알려주었다. 실험실에는 세 명의 인원이 배치되었다. 한 명은
실험참가자이고 다른 한 명은 사전에 연구자의 지시를 받아

---

26) '복종'과 '동조'는 다르다. 복종은 권위자와 같이 누군가 무엇을 하라고 했을 때 일
   어난다. 복종에는 권력위계가 개입한다. 한편, 권위와 관계없이 동조는 다수의 규
   범을 따르려는 암묵적인 사회적 압력에 의해 일어난다.

27) Milgram, Stanley (1963). Behavioral study of obedience. Journal of Abnormal
   and Social Psychology. 67(4), 371-8.

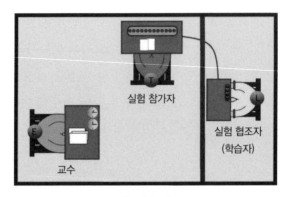

[그림 8-6]

밀그램의 실험 배치. 학습자(실험협조자)는 전기의자에 묶여 있고 실험참가자는 학습자가 틀린 답을 하면 교수의 지시에 따라 일정 강도의 전기충격을 가한다.

적절한 연기를 하는 실험협조자이며 마지막 한 명은 실험참가자와 같은 공간에 배치된 교수였다([그림 8-6]).

실험참가자의 임무는 기억검사의 과제수행자(실험협조자)가 틀린 답을 말할 때 그에 따른 벌로 전기충격을 주는 것이다. 기억검사를 수행하는 사람은 분리된 다른 방에 배치했는데 사실은 실험협조자였다. 실제 아무런 전기충격도 받지 않지만 다만 전기충격을 받은 것처럼 고통스러운 소리를 연기하도록 했다. 실험참가자는 그가 전기충격을 가하면 수행자의 고통스러운 소리를 스피커를 통해 생생하게 들을 수 있었다. 틀린 답을 댈 때마다 15볼트씩 전기충격 강도를 높였다. 틀린 답을 말할 때마다 전기충격의 강도는 점차 올라갔고 고통소리 역시 커져갔다. 전기충격이 강할 때 실험협조자는 벽을 치며 제발 중단하라고 애원하는 연기를 했다. 실험참여

자가 학습자의 고통을 감지하고 실험을 그만두려고 할 때마
다 실험자는 "계속하세요.", "이 실험에서는 계속하셔야 합니
다." "반드시 계속해야 합니다." 와 같이 지시의 강도 역시 높
였다. 실험의 결과는 과연 어땠을까? 전체 실험참가자 40명
에서 26명인 65%가 최대 전기충격인 450볼트까지 실험자의
지시를 따랐다! 인간은 권위 있는 사람의 명령이라면 어떤 것
이라도 기꺼이 수행하는 성향을 가진다는 것이 이 연구를 통
해 밝혀졌다.

권위를 이용한 설득전략

권위는 어떤 분야나 직무, 기능 또는 위치에서 자신의 능력
을 성공적으로 수행하는데 수반하는 제도적이며 법적인 권력
을 의미한다.[28] 앞서 살펴본 다양한 어림법과 마찬가지로 권
위 역시 영향력 있는 설득단서의 기능을 한다.

권위 있는 인물을 이용한 메시지 전달

학습지나 약품 또는 전문분야의 제품 광고에는 그 분야의
권위자가 광고모델로 자주 등장한다. 심지어, 잘 알려지지 않
았지만 의사를 연상하는 흰 가운을 걸친 광고 모델이 의약품

---

28) Michener, H. Andrew, & Burt, Martha R. (1975). Components of authority as
    determinants of compliance. Journal of Personality and Social Psychology, 31(4),
    606-614.

광고에 등장하기도 한다. 권위를 연상하는 신호를 이용하는 것이다. 디지털 카메라 광고에 유명 사진작가가 자주 등장하는 이유도 마찬가지다. 소비자는 광고모델이 권위 있는 인물이면 광고메시지를 더욱 신뢰하는 경향이 있다.

권위 있는 인물과 연합하기

만약 독자들에게 널리 알려지지 않은 저자가 책을 출판할 경우 그 분야의 권위자를 책의 감수자로 하거나 권위 있는 인물의 서평을 책의 표지에 제시하면 독자는 책을 더욱 긍정적으로 평가할 것이다. 어떤 기업이 신제품을 출시한다면 그 분야의 전문가로 잘 알려진 사람이 제품개발에 조언을 했다고만 해도 효과를 볼 수 있다. 세계적인 투자자가 투자한 회사라면 그 회사의 주식을 사는데 주저하지 않는다.

권위를 연상하는 신호의 활용

금융기관에서 재무관리에 관한 고객 상담을 담당하는 직원이라면 직급이 적힌 명함보다는 재무관리 전문성을 상징하는 직무가 적힌 명함을 고객에게 제시하는 편이 낫다. 분야에 따라서는 옷차림이나 자세 같은 외모와 비언어적인 요소가 권위를 연상하는 중요한 단서로 작용한다.

감정 어림법

　감정(affect)은 정서나 기분 그리고 분위기를 아우르는 용어
이다. 감정의 특징은 자발적으로 끄집어내는 것이 아니며 매
순간 변화한다는 것이다. 감정은 외부자극에 의해 자동적으
로 촉발된다. '인종차별'이라는 단어는 부정적인 감정을 불러
일으킨다. '사랑'은 긍정적인 감정을 촉발한다. 바로 이러한
감정이 판단과 의사결정에도 심대한 영향을 미친다.

　주변경로를 통해 정보를 처리할 때는 객관적이고 사실적인
정보보다는 감정을 수반하는 메시지가 설득에 미치는 영향이
더욱 크다.[29] 우리가 긍정적인 감정 상태에 있을 때는 어떤 대
상이 지닌 위험보다는 혜택이 더 크다고 인식한다. 만약 부정
적인 감정 상태에 있다면 대상의 혜택은 크지 않고 위험이 더
크다고 인식하는 경향이 있다.

　한 사람은 주식투자를 해서 재미를 봤고 다른 한 사람은 손
실을 경험했다고 하자. 이 두 사람에게 자산관리사가 주식을
권유한다면 어떨까? 주식투자로 재미를 본 사람은 주식투자
라는 메시지에 긍정적인 감정이 촉발될 것이며 권유한 주식
의 위험성보다는 혜택 즉 수익이 더 크다고 인식하여 투자를

---

29) Finucane, M.L., Alhakami, A., Slovic, P., & Johnson, S.M. (2000). The affect
　　heuristic in judgment of risks and benefits. Journal of Behavioral Decision
　　Making. 13(1), 1–17.

결정할 가능성이 높다. 반면, 손실을 경험한 사람은 주식투자
라는 메시지에 부정적인 감정이 촉발되고 수익보다는 손실의
위험성을 더 크게 인식하고 투자를 포기할 것이다.

우리나라는 원전에 대한 논쟁이 지금도 계속되고 있다. 원
전에 대해 사람들이 어떤 감정 상태를 경험하는지는 원전의
유지와 폐기에 대한 설득에도 영향을 미친다. 특히 대부분의
사람들은 원전과 관련하여 많은 정보를 가지지도 않고, 실생
활과 밀접하지 않기 때문에 관심 역시 높지 않다. 감정 어림법
이 작용할 여지가 충분한 환경이다. 패스트푸드나 술과 같이
건강에 이롭지 않은 제품들이 왜 긍정적인 감정을 자극하는
광고를 선호하는지 그 이유는 명확하다. 긍정적인 감정을 유
발하여 제품의 위험성을 낮게 지각하도록 하려는 것이다.

감정이 통계정보의 판단에도 영향을 미친다는 연구가 있
다.[30] 정신과 의사에게 어떤 사람의 재범 자료를 두 가지 형
태로 제시했다. 한 가지는 확률자료이고 다른 한 가지는 빈도
자료였다. 그리고 재범자의 위험도를 평가하게 했다. 의사는
확률자료에 비해 빈도자료를 제시했을 때 재범자의 위험도를
더 높게 평가했다. 빈도자료는 확률자료에 비해 실제 재범행
위를 더욱 생생하게 상상하도록 하여 부정적인 감정을 촉발
하기 때문이다. 'Zero price effect'라는 것이 있다. 합리적으

30) Reyna VF, Nelson WL, Han PK, & Dieckmann NF.(2009). How numeracy
    influences risk comprehension and medical decision making. Psychol Bull.
    135(6), 943-973.

로 본다면 2,000원에서 1,000원을 할인하는 것과 1,000원 하
는 것을 공짜로 주는 것은 둘 다 1,000원의 차이가 있기 때문
에 혜택에서는 차이가 없다. 하지만 공짜인 경우에 사람들은
혜택이 더 크다고 느낀다. 2,000원에서 1,000원으로 할인하는
경우는 1,000원에서 더 하락의 기회가 있지만 무료 즉 0원의
경우는 더 이상 하락의 여지가 없기 때문에 거기에서 느끼는
긍정적인 감정이 더 강하다. [31]

31) Shampanier, K., Mazar, N., & Ariely D. (2007). Zero as a special price: The true
    value of free products. Marketing Science, 26, 742-757.

핵심과 적용

- 인간으로서 설득대상은 언제나 인지편향에 빠진다는 점을 염두에 두라.
- 어림법의 유형과 특징을 숙지하자.
- 다양한 어림법은 설득 메시지가 특히 주변경로를 통해 처리될 때 설득 효과에 강력한 영향을 미친다는 것을 고려하라.
- 어림법의 다양한 유형을 숙지하고 당신의 설득목표를 달성하는데 어떤 어림법이 가장 효과적인지 검토하라.
- 설득 메시지를 완성했을 때 의도치 않았던 어림법이 설득효과에 지장을 초래하지는 않는지 검토하라.
- 감정의 영향력에 대해 잊지 말라.

9

부조화와
설득

당신은 지금까지 타던 중고차를 폐차하고 구매를 계획했던 중형차를 구입했다. 구입 후 얼마 지나지 않아 장거리 운전을 하게 됐다. 그런데 기대했던 것보다 승차감이 그다지 안락하지 않다는 생각이 든다. 좀 불만스럽다. 그토록 가지고 싶었던 차이지만 왠지 모르게 당신의 마음은 편치 않다. 구입한 차를 팔아버릴 것인가? 교환이나 환불은 불가능하다. 이럴 때 당신은 어떻게 하는가?

당신은 친구들 사이에서 애국자로 알려져 있다. 우리나라 제품이 아니면 절대 구입하지 않는다. 그런데 어느 날 지인으로부터 외국산 최신형 무선청소기를 50% 할인가에 구입할 수 있으니 장만하라는 제안을 받는다. 할인 행사는 이번 한번으로 끝난다. 당신은 이 제품을 구입하였다. 친구들이 이 사실을 안다면 어떨까? 당신은 무슨 생각을 할까?

많은 사람들은 위와 유사한 경험을 한 번쯤 해보았을 것이다. 이런 상황은 우리를 심리적으로 불편하게 만든다. 마음이 편치 않고 뭔가 찜찜하다. 우리는 불편한 심적 상태를 어떻든 해소하려고 한다. 이것은 인간의 심리적인 특성이다. 이 장에서 살펴볼 내용은 바로 이러한 인간의 특성과 설득전략에 관한 것이다. 심적으로 불편한 상태는 바람직하지 않지만 설득에서는 매우 중요한 요인으로 작용한다.

심적 불편함의 실체

우리는 어떤 대상이나 이슈 또는 행동 등에 대해 지식이나 신념 또는 가치관을 가진다. 흡연은 건강을 해친다거나 자연은 반드시 보호해야하며 음주운전을 해서는 안 된다는 신념이나 가치관이 그 예다. 그리고 이러한 신념이나 가치에 상응하는 행위를 하려고 한다. 하지만 서두에서 예로 들었던 자동차와 무선청소기의 경우에서처럼 우리가 신념, 가치관 그리고 행동 간에 언제나 일관성을 유지하며 살기란 어렵다.

신념이나 가치관 또는 행동 간에 부조화가 발생하면 사람들은 유쾌하지 않은 심리적 상태를 경험한다. 허기지거나 갈증과 같은 생리적인 불균형이 발생하면 음식을 먹거나 물을 마시는 것처럼, 불쾌한 심리경험을 하면 우리는 어떻게든 이를 조화로운 상태로 회복시키려고 한다.[1] 정말 그럴까? 한 연구는 자신의 신념이나 가치와 충돌하는 정보를 제시했을 때 특히 분노와 관련된 뇌 부위가 활성화된다는 것을 신경 생리학적으로 입증하였다.[2]

---

1) Festinger, L. (1957). A theory of cognitive dissonance. Palo Alto, CA: Stanford University Press.
2) Harmon-Jones, Eddie (2004). Contributions from research on anger and cognitive dissonance to understanding the motivational functions of asymmetrical frontal brain activity. Biological Psychology. Frontal EEG Asymmetry, Emotion, and Psychopathology. 67(1), 51-76.

중요한 점은, 부조화에서 조화로운 상태로 회복하기 위해 우리는 때로 기존의 신념이나 가치관을 바꾸기도 하며 대상에 대한 태도를 바꾸기도 한다는 것이다. 이러한 현상은 설득에 대해 중요한 점을 시사한다. 만약 당신이 누군가를 설득하려 한다면 효과적인 전략 중의 하나는 바로 설득 대상자를 심적으로 불편하게 만들라는 것이다.[3]

하지만 신념이나 가치 또는 행동을 변화할 정도의 심적 불편함은 언제나 발생하는 것은 아니다. 특히 다음과 같은 조건에서 부조화는 설득효과로 연결된다. 첫째, 선택(행동)을 취소할 수 없을 때. 둘째, 스스로 결정한 것이어야 한다. 외부의 압력이나 강압에 의해 이루어진 선택에 대해서는 심적 불편함을 가질 가능성이 낮다. 즉 자신의 행동을 상황의 탓으

[그림 9-1] 사람들은 불편한 진실보다 맘 편한 거짓을 선호한다.

출처: thedailystars.net

---

3) Infante, Dominic A. (2017). Contemporary communication theory. Kendall Hunt. pp. 157-158.

로 돌릴 수 없을 때이다. 셋째, 심리적이건 또는 재무적이건 선택에 뒤따르는 위험도가 높은 경우이다. 넷째, 선택행동을 다른 사람이 안다면 부조화를 경험할 가능성은 더욱 높아진 다. [4] [5]

부조화와 설득효과

흔히 정책을 수행하는 사람들은 분리수거를 하거나 건강을 위한 손 씻기, 지정된 장소에서 흡연하기 등과 같은 행동을 실천하게 하려면 논리적으로 잘 정리된 정보를 가지고 설득 캠페인을 전개하면 효과적이리라 예상한다. 과연 그럴까?

한 연구[6]에서는 기숙사에 거주하는 대학생이 샤워를 할 때 물을 아껴 쓰게 하는 가장 효과적인 설득방법이 무엇인지 알아보고자 했다. 왜 물을 아껴야 하는지를 논리적으로 제시한 전단 등 다양한 설득방법을 제시했지만 결과는 일관되지 않

---

4) Joel Cooper, & Russell H. Fazio (1984). A new look at dissonance theory. Advances in Experimental Social Psychology 17, 229-266.

5) Gbadamosi, Ayantunji (2009). Cognitive dissonance: The implicit explication in low-income consumers' shopping behaviour for low-involvement grocery products. International Journal of Retail & Distribution Management. 37(12), 1077-1095.

6) Aronson, E., & O'Leary, M. (1983). The relative effectiveness of models and prompts on energy conservation: A field experiment in a shower room. Journal of Environmental Systems, 12, 219-224.

고 혼란스러웠다. 강력한 어조로 물 절약을 강조했을 때는 오
히려 역효과도 발생했다. 물을 아껴 쓰면 어떤 보상이 뒤따르
는지를 제시했을 때는 물 절약에 대한 태도는 호의적으로 바
뀌었지만 실제 행동에 옮기지는 않았다.

  하지만 심리적인 불편함을 야기하면 물 절약에 대한 태도
뿐만 아니라 실제 물 절약 행동까지 지속적으로 변화시킬 수
있다. 물 절약을 다룬 다른 연구[7]에서는 심리적인 부조화의
효과를 규명하는데 초점을 맞추었다. 먼저 평소 샤워 때 물
절약에 신경을 쓰지 않는 대학생들을 나누었다. 한 집단에게
는 다른 학생들에게 샤워 때 물을 절약할 것을 요청하는 공적
인 임무를 부여했다. 이 집단의 학생은 평소 샤워 때 물을 사
용하는 습관과는 배치되는 주장을 하기 때문에 심적인 부조
화 상태를 경험할 것이다. 실험이 종료되고 일정 기간이 지난
후에 물 사용 습관을 추적하여보니 다른 실험조건에 비해 의
도적으로 부조화를 일으킨 집단에서 물을 아껴 쓰는 행동변
화가 가장 많이 그리고 지속적인 것으로 나타났다.

---

7) Chrisa Ann Dickerson (1992). Using cognitive dissonance to encourage water
   conservation. Journal of Applied Social Psychology, ,22(11), 841-854.

자기 정당화

위에서 살펴본 실험에서 심적인 부조화를 경험하게 했을
때 왜 설득효과가 가장 컸을까? 자신은 평소에 물을 아껴 쓰
지 않으면서 다른 사람에게 물을 아껴 쓰라고 권장하는 것은
위선임을 느끼게 한다. 심적으로 불편함이 야기된다. 우리는
어떤 식으로든 조화로운 상태를 유지하기 원한다. (물론 이 과
정을 스스로 의식하지 못할 수도 있다.) 이 경우 부조화를 해소하
는 가장 적절한 방법은 자신이 물을 아껴 쓰는 것이다. 하지
만 만약 누군가로부터 '강압적으로' 다른 사람에게 물 절약을
권장하도록 강제 당했다면 어떨까? 이 경우에는 심적인 부조
화를 경험하지 않는다. '자기(self)'가 개입하지 않기 때문에 자
신의 불일치 행동을 굳이 정당화할 필요가 없다.[8] 그렇다. 부
조화를 조화상태로 회복하는데 핵심적인 역할을 하는 것은
바로 '정당화(justification)'이다.

부조화 이론의 창시자인 페스팅거(Festinger)와 동료 칼 스
미스(Carlsmith)는 정당화의 역할을 규명하는 흥미로운 실험
을 하였다.[9] 학생들에게 한 시간 분량의 지루한 과제를 주었

8) 부조화는 다른 어떤 조건보다 '자기(self-concept)'가 개입될 때 가장 크다. 예컨대,
다음의 연구를 참조하라. Aronson, E. (1968). Dissonance theory: Progress and
problems. In R. Abelson, E. Aronson, W. McGuire, T. Newcomb, M. Rosenberg,
& P. Tannenbaum (Eds.), Theories of cognitive consistency: A sourcebook.
Chicago: McNally.

[그림 9-2]

흡연의 정당화: "젊을 때부터 흡연해도 늙어서 건강한 사람은 많다.", "흡연은 스트레스를 감소시키고 업무 집중도를 높인다. 내게 업무는 무엇보다 중요하다.", "흡연이 건강에 해롭다는 것은 근거가 약하며 과장되었다." 만약 당신이 애연가라면 어떤 정당화 전략을 사용하는가?

다. 과제를 수행하면서 학생들은 과제에 대해 매우 부정적인 태도를 가지게 된다. 과제가 끝나고 돌아갈 때 연구자는 실험 참가 학생들에게 한 가지 요청을 하였다. 기다리고 있는 다른 학생들에게 과제가 매우 재미있고 몰입할 수 있었다고 말해 달라고 하였다. 기다리는 다른 학생에게 이렇게 말하는 대가로 어떤 참가학생은 20달러를 받았고 어떤 참가학생은 1달러를 받았다. 마지막으로 이들이 수행한 과제에 대해 평가해 달라고 하였다. 이들은 과제를 어떻게 평가했을까? 얼마를 받았는지에 따라 과제에 대한 평가는 달랐을까?

흥미롭게도 20달러를 받은 학생보다 1달러를 받은 학생이 과제를 더욱 긍정적으로 평가했다! 그 이유는 바로 '정당화'

9) Festinger, Leon & Carlsmith, James M. (1959). Cognitive consequences of forced compliance. The Journal of Abnormal and Social Psychology. 58(2), 203-210.

때문이다. 1달러를 받은 학생은 분명 과제가 지루하다고 평가했지만 다른 학생에게는 자신의 생각과는 배치하는 말을 하기 때문에 부조화를 경험한다. 하지만 1달러는 자신의 불일치 행동을 정당화하기에는 부족하다. 그렇다면 과제에 대한 태도를 긍정적으로 바꾼다면 부조화는 해소된다. 한편, 20달러를 받은 경우에는 자신의 불일치 행동을 20달러라는 큰 액수의 돈 때문이라고 생각한다. 즉 자신의 불일치 행동을 외적요인으로 정당화할 수 있기 때문에 이들은 부조화를 덜 경험한다. [10]

자신이 투입한 시간과 에너지가 부조화를 야기하기도 한다. 당신이 어떤 동아리를 운영한다고 하자. 동아리가 원만히 운영되려면 무엇보다 회원들의 탈퇴가 적어야 한다. 동아리에 대해 긍정적인 태도를 유지할 수 있다면 탈퇴는 일어나지 않는다. 어떻게 하면 될까? 동아리 가입을 까다롭게 하면 된다. 우리는 어떤 대상에 시간과 에너지를 많이 투입할수록 그 대상을 더 선호하는 경향이 있다. 그래야만 자신이 기울인 노력을 정당화할 수 있기 때문이다. '노력 정당화'의 효과이다. 한 연구에서 모임 가입을 허락하는 절차의 어려움을 세 가지 조건으로 구성했다. 그리고 자신이 가입한 모임을 평가하게 했을 때 가입이 어려울수록 모임에 대해 더욱 긍정적으로 평

---

10) 이 연구결과는 '강화(reinforcement)원리'와 배치되는 것이기에 더 많은 관심을 받았다. 강화이론에 의하면 작은 보상에 비해 큰 보상이 주어지면 태도변화가 더 잘 일어나리라 예측하기 때문이다.

가했다.[11]

고가의 제품을 판매하는 세일즈맨은 고객을 설득하는 기법을 잘 알고 있다. 예컨대, 자신을 패션 트렌드에서는 누구 보다 앞선다고 생각하는 고객이 명품 패션매장에 들어와서 신상품을 유심히 바라본다고 하자. 그러면 매장 직원이 다가와서 가장 많이 던지는 말은 이것이다. "이 제품은 최신 패션 감각이 뛰어난 분만이 진가를 아는 신상품입니다." 만약 이 신상품을 구입하지 않으면 자신의 패션 감각은 부정당하기 때문에 심적인 불편함을 겪는다. 매장 직원의 메시지는 부조화를 이용한 효과적인 설득메시지인 셈이다.

자기 정당화효과는 아동의 경우도 예외는 아니다.[12] 장난감이 있는 방에 아이들만 머물도록 했다. 선생님이 방을 나가면서 아이들에게 인기 있는 특정 장난감만은 가지고 놀아서는 안 된다고 금지하였다. 어떤 아이에게는 선생님의 말을 어기면 심한 벌을 받을 거라고 말하고 어떤 아이에게는 가벼운 벌을 받을 수 있다고 일러주었다. 얼마간 시간이 지나고 선생님이 돌아와서 이제는 어떤 장난감을 가지고 놀아도 좋다고 허락하였다. 자, 이제 금지한 장난감에 더 애착을 보인 아이들은 누구였을까? 지시를 어기면 심한 벌을 받을 거라고 일

11) Aronson, E., & Mills, J. (1959). The effect of severity of initiation on liking for a group. The Journal of Abnormal and Social Psychology, 59(2), 177-181.

12) Aronson, E., & Carlsmith, J. M. (1963). Effect of the severity of threat on the devaluation of forbidden behavior. The Journal of Abnormal and Social Psychology, 66(6), 584-588.

러준 아이들은 금지한 장난감을 더 많이 가지고 놀았다. 하지만 지시를 어기면 약한 벌을 받을 거라고 일러준 아이들은 금지한 장난감에 그다지 애착을 보이지 않았다. 약한 벌을 받을 거라고 일러준 아이들은 금지가 풀렸다고 해서 이제 장난감을 가지고 논다는 것은 자신의 행동을 정당화 할 수 없기 때문이다. 자신을 정당화하려면 금지한 장난감에 애착을 가지면 안 되는 것이다. 하지만 심한 벌을 받을 거라고 일러준 아이들은 부조화를 경험하지 않는다. 금지가 풀렸으니 신나게 장난감을 가지고 놀면 된다. 굳이 자신을 정당화할 필요가 없다. '심한 벌' 이라는 명분이 있기 때문이다.

대상 정당화

자신을 정당화함으로써 부조화를 해소하는 것만은 아니다. 다음의 연구를 보자.[13] 실험참가자들에게 두 가지 전자제품을 평가하도록 했다. 실험에 참가한 대가로 두 제품 중 한 가지를 가져가도 좋다고 했다. 그런 다음 두 가지 제품을 다시 평가하도록 했다. 첫 번째 평가와 두 번째 평가 간에는 차이가 나타났다. 실험참가자는 자신이 선택한 제품에 대해서는

13) Brehm, J. (1956). Post-decision changes in desirability of alternatives. Journal of Abnormal and Social Psychology. 52(3), 384-389.

두 번째 평가에서 더욱 긍정적으로 평가하였다. 하지만 선택하지 않은 제품에 대한 평가는 오히려 부정적으로 변하였다.

　이 연구에서 중요한 점은, 두 제품이 각기 나름의 장단점을 지녀서 선택이 결코 쉽지 않았다는 것이다. 한 제품을 선택하면 선택하지 않은 제품의 장점을 포기해야 하고, 그 반대의 경우도 마찬가지다. 이런 상황에서는 어떤 제품을 선택한다 하더라도 심적인 불편함은 일어날 수밖에 없다. 그러면 불편함을 해소하는 방법은 무엇일까? 자신이 선택한 제품은 더 긍정적으로 그리고 선택하지 않은 제품은 부정적으로 평가하면 된다.

　우리는 갈등을 야기하는 선택 상황에서 최종 결정한 것에 대해 발생하는 심적 부조화를 다른 방식으로 해소하기도 한다. 두 개의 제품을 두고 어느 것을 구입할지 고민 중이다. 그런데 각 제품은 양립하기 불가능한 장점과 단점을 가진다. 하

[그림 9-3]
각기 양립 불가능한 장단점을 지닌 몇 개 상품을 고민하다 마침내 선택한 것에는 더욱 애착을 가짐으로써 부조화를 해소한다.
출처: feelgoodcars.com

지만 구입을 무제한 미룰 수 없기에 한 가지는 무조건 선택을
해야 한다. 일단 구입하면 환불은 불가능하다. 두 제품 중 어
떤 것을 구입하더라도 완벽하게 만족하는 선택이 될 수는 없
다. 어떻게 할 것인가?

한 가지 방법은 선택한 제품의 장점을 더욱 긍정적으로 평
가하는 것이다. 이 경우에 소비자는 자신이 구입한 제품의 장
점이 다른 어떤 요인보다 중요하다는 정보에 더 많은 주의를
기울이고 또 그 장점이 정말 중요한 요소라는 근거를 찾기도
한다. 다른 방법은 구입을 포기한 제품의 장점을 평가절하하
는 것이다. 구입하지 않은 제품의 장점에 대한 정보는 외면하
거나 신뢰를 하지 않을 수도 있다.

정당화 방략과 설득

심적인 부조화를 해소하는 핵심적인 기제는 정당화임을 앞
서 살펴보았다. 정당화 방법을 좀 더 구체적으로 정리하면서
설득전략과 연결하여보자.

부조화를 야기한 신념이나 행동을 능가하는 정보를 더욱 지지한다.
온실가스 배출은 지구온난화에 심각한 영향을 미친다고 생
각하는 사람이 연료소모가 심한 차를 구입한다면 심적인 부
조화를 경험한다. 이때는 온실가스배출과 지구온난화 간의
관련성을 반박하는 정보를 찾아서 이 정보에 신뢰를 보냄으

로써 심적인 부조화를 해소한다. 만약 상대가 부조화로 인해 당신에게 등을 돌리게 하지 않으려면 부조화를 감소하는 정보를 제공해야 한다.

부조화를 야기하는 정보의 중요도를 과소평가한다.

건강에 많은 신경을 쓰는 사람이 있다. 만약 그가 오랜 시간 앉아 일하는 것이 수명을 단축한다는 것을 알게 된다면 몹시 불편할 것이다. 왜냐하면 그는 하루 종일 사무실에 앉아서 근무해야하기 때문이다. 하지만 사무직이기 때문에 딱히 대안이 없다. 부조화를 감소하기 위해 앉아서 근무하는 행위에 변화를 줄 수 없는 것이다. 이런 경우, 건강 식단을 강화하거나 정기적으로 운동을 한다면 건강에 문제가 없다는 신념을 통해 장시간 앉아 있기가 건강에 미치는 위험의 중요성을 줄일 수 있다.

선택 대안 장점은 강화하고 비 선택 대안의 장점은 약화한다.

양립 불가능한 갈등 신념이 있을 때 선택한 대안의 장점은 더욱 강화하고 선택하지 않은 대안의 장점이 지닌 가치나 중요도는 낮춘다. 가전제품을 구입하려고 한다고 하자. A 제품은 성능이 우수하지만 고장이 났을 때 애프터서비스 받기가 번거롭고 힘들다. B 제품은 성능이 A에 비해 덜 우수하지만 애프터서비스 받기가 매우 편하다. 어떤 제품을 구입하든 소비자 입장에서는 심적 부조화를 경험한다. 기업이 이와 같은 상황을 예측한다면 A의 입장에서는 성능의 중요성에 더욱 초점을 맞추어서 애프터서비스 자체가 문제가 아니라는 것을 설득하는 것이 효과적이다. 반면 B의 입장에서는 가전제품에서 애프터서비스의 역할이 얼마나 중요한지에 초점을 맞추어서 성능의 중요성을 감소한다.

자신행동의 추론과 설득

지금까지 살펴본 심적 부조화 현상은 부조화 해소로 대상에 대한 평가판단이 변하고 그에 따라 행동이 뒤따른다고 전제한다. 하지만 우리의 일상 경험을 되돌아보면 어떤 대상에 대한 평가판단이 행동을 결정한다는 직관과 배치되는 현상도 배제할 수 없다.

어떤 대상에 대해 이전에 경험한 적이 없기 때문에 태도를 가지지 않는 경우가 있다. 이럴 때는 마치 다른 사람의 행동을 보고 원인을 추론하는 것처럼 자신의 행동관찰을 통해 부조화를 해소하고 그 결과로 대상에 대한 평가판단을 형성한다.[14][15] 이런 현상은 일상에서 우리가 자주 경험하는 설득기

14) Bem, D. J. (1967). Self-perception: An alternative interpretation of cognitive dissonance phenomena. Psychological Review, 74, 183-200.

15) Robak, R. W., Ward, A., & Ostolaza, K. (2005). Development of a general measure of individuals' recognition of their self-perception processes. Psychology, 7, 337-344.

법과 밀접한 관련이 있다.

문간에 발들이기

이 기법은 상대가 목표로 하는 어떤 요청을 받아들이게 하는 효과적인 기법 중의 하나이다. '몰토 크레셴도.' 처음에는 부담스럽지 않은 작은 요청을 하고 상대가 이를 받아들이면 처음보다 더 큰 부탁도 받아들일 가능성이 증가한다는 것이 이 기법의 기본 전제이다. 단, 문간에 발들이기에서는 처음 요청과 뒤따르는 요청이 연관이 있어야 효력을 발휘하며 두 요청 사이에 시간적 거리가 있어도 된다.[16] [17] [18]

최초의 작은 요청(예컨대, 신제품 음료를 시음하고 간단한 평가를 부탁)을 받아들이면 수용자의 자기 이미지는 변하게 되고 이는 뒤따르는 더 큰 요청(신제품 음료의 구입)도 받아들이는 구실로 작용한다. 수용자 즉 설득대상은 최초의 작은 요청을 받아들이는 자신의 행동을 관찰한다. 물론 요청을 받아들

16) Snyder, M., & Cunningham, M. R. (1975). To comply or not comply: testing the self-perception explanation of the foot-in-the-door phenomenon. Journal of Personality and Social Psychology, 31, 64-67.

17) Seligman, C., Bush, M., & Kirsch, K. (1976). Relationship compliance in the foot-in-the-door paradigm and size of the first request. Journal of Personality and Social Psychology, 33, 517-520.

18) Burger, J. M. (1999). The foot-in-the-door compliance procedure: a multiple-process analysis and review, Personality and Social Psychology Review, 3, 303-325.

[그림 9-4] 약한 요청을 허용하면 더 큰 요청도 받아들이게 된다

인다고 해서 어떤 보상이 주어지는 것이 아니라는 것도 안다. 따라서 수용자는 자신이 그 제품을 좋아하는 것이 틀림없다 고 추론한다.[19]

문전박대

만약 처음에 받아들이기 무리한 요청을 하고 상대가 이를 거절할 경우 곧바로 수용 가능한 합리적인 요청을 하면 어떻 게 될까? 이 역시 요청을 수락하게 만드는 매우 효과적인 설 득기법이다.[20] 철수가 자기 방 청소를 하게 하려면 엄마는 어 떻게 하면 될까? 처음에는 철수 방, 거실 그리고 욕실까지 청

19) Dillard, J. P. (1990). Self-inference and the foot-in-the-door technique quantity of behavior and attitudinal mediation. Human Communication Research, 16(3): 422-447.

20) Perloff, R. M. (2010). The dynamics of persuasion: Communication and attitudes in the 21st century (4th ed.). New York: Routledge.

소하라고 한다. 철수는 너무 힘들다며 거절할 것이고, '네 방
만이라도 청소하라'고 하면 성공 확률은 올라간다. 이런 효과
는 가격협상 장면에서도 발견하기 쉽다. 정가제가 아닌 가격
협상이 가능한 매장의 점주는 매번 문전박대 기법을 사용한
다. 처음에 터무니없는 가격을 제시한다. 점주와 고객 모두는
말도 안 되는 가격이라는 것을 안다. 고객이 돌아서려고 하면
점주는 고객이 받아들일 만한 가격을 제시한다. 물론 이 경우
도 고객이 물건을 구입할 가능성은 증가한다.

'문간에 발들이기'와 '문전박대' 모두 두 번째 요청을 받아들
이게 하는 것이 목표다. 문간에 발들이기는 '점점 강하게' 방
식이라면 문전박대는 '점점 약하게' 방식이라는 점에서 차이
가 있다.[21] 처음에 의도적으로 "아니오" 하게 만든 다음 "예"
를 끌어내는 기법이다. 문전박대가 효과적이려면 첫 번째 요
청 후에 곧바로 두 번째 요청을 해야 한다. 두 요청 사이에 시
간 지연이 있으면 효과를 기대하기 어렵다.

문전박대가 효과를 발휘하는 것은 '호혜성(reciprocity)' 때
문이다. 과한 것을 요구하는 첫 번째 요청은 거절했기에 합리
적인 두 번째 요청은 받아들이게 된다. 상대가 처음 요청부터
타협 해왔기 때문이다.[22] 비록 무리한 것이기는 하지만 첫 번

21) Pascual, A. & Guéguen, N. (2005). Foot-in-the-door and door-in-the-face: A comparative meta-analytic study. Psychological Reports. 96(1): 122-128.
22) Cialdini, R.B., Vincent, J.E., Lewis, S.K., Catalan, J., Wheeler, D. & Darby, B. L. (1975). Reciprocal concessions procedure for inducing compliance: the door-in-the-face technique. Journal of Personality and Social Psychology. 31 (2): 206-215.

[그림 9-5] 상대에게 십 만원을 빌리고 싶다면 처음에 백 만원을 빌려달라고 요청하라.

째 요청을 거절하면 뭔가 미안하다는 죄책감을 느끼게 된다. 두 번째 요청은 미안함 또는 죄책감을 완화하는 기회를 제공한다. 설득하려는 사람은 '두 번째 요청과 죄책감 완화'를 교환하는 타협을 이용한다. 여기에는 '대비효과(contrast effect)'도 한 몫 한다. 처음에 무리한 요청을 하고 다음으로 약한 요청을 하면 두 번째 요청만 제시했을 때에 비해 두 번째 요청은 훨씬 사소하게 인식되어 수용 가능성도 높아진다.

미리 매 맞기

이 장에서는 지금까지 대상에 대한 태도에 변화를 일으켜서 설득으로 이끄는 현상과 원리에 대해 다루었다. 하지만 설득에서는 반드시 변화만이 목표는 아니다. 사람들이 어떤 대상에 대해 이미 가지고 있는 태도가 손상 내지는 약화하지 않고 유지되게 하는 것이 설득의 목표일 때도 있다.

　　과거 개인용 컴퓨터 시장이 급성장할 때 애플사는 경쟁자가 맥(Mac) 컴퓨터 고객을 공략하는 것을 저지하기 위해 고심했다.

　　자신의 고객을 지키기 위해 애플사는 광고캠페인을 전개했다. 맥 컴퓨터와 일반 개인용 컴퓨터를 비교하는 내용의 광고였다. 광고캠페인의 목표는 일반 컴퓨터를 공격하는 것이 아니라 맥 컴퓨터에 애착을 가진 기존 고객을 지키는 것이었다. 광고에서는 일방적으로 맥 컴퓨터의 장점만을 주장하지 않았다. 맥 컴퓨터의 장점과 함께 일반 개인용 컴퓨터의 장점도 제시하면서 맥 컴퓨터의 단점도 제시하였다. 하지만 광고 마지막에는 맥이 최상의 선택임을 주장하였다. 이 광고캠페인은 맥 컴퓨터 기존고객을 방어하는 데 크게 기여한 것으로 평가받는다. 맥 컴퓨터의 광고 전략이 주효했던 이유는 무엇일까?

　　1961년에 심리학자인 맥과이어(William J. McGuire)는 기존

[그림 9-6] 애플 맥 컴퓨터의 비교 광고캠페인

출처: Pintrest.com

태도나 신념을 변화시키려는 공격에도 불구하고 어떻게 하면 이를 방어할 수 있는지에 대한 이론을 제안했다. [23] 맥과 이어는 평소에 전혀 공격을 받은 적이 없던 습관적인 신념(예컨대, 식사 후에는 항상 이를 닦아야 한다.)은 공격에 쉽게 허물어진다는 점에 관심을 가졌다. 맥과이어가 제안한 '접종이론(Inoculation Theory)'에 의하면 (접종이라는 이론명이 의미하듯) 지키고자 하는 이슈에 대해 사람들에게 미리 약점이나 문제를 노출하면 이후에 이슈에 대해 강한 공격이 가해져도 사람들의 태도나 신념을 잘 방어할 수 있다는 것이다. 단, 미리 제시하는 약점이나 문제는 약한 것이어야 하며 장점과 함께 제시해야 한다. [24] 의학에서 예방접종 효과와 작동원리가 같다. 약한 수준의 백신을 주입하면 항체가 형성되어 강력한 바이러스가 침투하여도 저항할 수 있는 것과 같다.

특정 이슈의 약점을 먼저 노출하면 이슈를 지지하는 사람들은 약점을 반박하거나 기존의 태도나 신념을 지지하는 생각을 하게 된다. 맥 컴퓨터 광고캠페인이 성공했던 것도 같은 원리이다. 비교 광고를 통해 맥 컴퓨터의 약점을 미리 노출하여 기존 고객의 태도와 신념을 강화하고 공격에 대한 저항력

---

23) McGuire, W. J. (1961). Resistance to persuasion conferred by active and passive prior refutation of same and alternative counterarguments. Journal of Abnormal Psychology. 63(2), 326-332.

24) McGuire, W. J. (1964). Inducing resistance to persuasion. In L. Berkowitz (Ed.), Advances in Experimental Social Psychology (1, 191-229). New York, NY: Academic Press.

을 키운 것이다. 미리 제시하는 약한 약점내용과 이후의 상대 공격 내용이 관련성이 있어야 저항효과는 더욱 커진다.

기업은 다양한 위기 상황에 직면한다. 식품에서 이물질이 나오는 등 예측 불가능한 급작스러운 부정적 이슈에 직면하는가 하면, 가까운 미래의 부정적인 이슈에 대한 예측이 가능한 경우도 있다. 한 실험연구[25]에서는 기업의 위기에 대비한 사전 기업광고의 효과를 검증하였다. 사전 기업광고 자체는 위기가 닥쳤을 때 기업에 대한 평가에 영향을 미치지 않았다. 하지만 사전광고의 내용이 위기와 관련성이 있을 때는 기업에 대한 평가관리에 긍정적인 효과가 있었다. 위기상황 이전이 아니라 위기상황 이후에 접종이론을 적용한 기업광고는 효과가 있을까? 이와 관련한 연구[26]에 의하면, 위기발생 이후 언제 광고를 하느냐 즉, 광고의 집행 시기는 그다지 영향을 미치지 않았다. 하지만 단지 기업의 입장을 지지하는 내용의 광고에 비해 약한 비판을 다룬 광고가 긍정적인 효과가 있었다.

25) Easley, R. W., W. O. Bearden, & J. E. Teel. (1995). Testing predictions derived from inoculation theory and the effectiveness of self-disclosure communications strategies. Journal of Business Research, 34(2), 93-05.

26) Szybillo, G. J. & Heslin, R. (1973). Resistance to persuasion: Inoculation theory in a marketing context. Journal of Marketing Research. 10 (4): 396-403.

핵심과 적용

- 심적인 부조화의 유형과 부조화를 조화로 유지하는 다양한 정당화 방략에 대해 숙지하라.
- 당신의 설득목표를 달성하려면 부조화 해소 전략이 효과적인지 또는 의도적으로 부조화를 야기하는 전략이 효과적인지 검토하라.
- 부조화 해소가 설득목표와 관련된다면 부조화의 내용이 무엇이며 어떤 부조화 해소 방략이 효과적인지 검토하라.
- 설득대상이 대상에 대해 분명한 태도를 가지는지 아닌지를 검토하라. 설득대상이 설득 이슈에 대해 분명한 태도를 가지지 않을 때는 문간에 발 들이기나 문전박대와 같은 기법이 효과적이다.
- 문간에 발들이기와 문전박대 간의 차이를 숙지하라. 당신의 목표달성에는 어느 것이 효과적인지 생각해보라.
- 공격이나 반박주장이 예상되는 이슈일 경우에는 미리 약한 약점을 노출하는 설득전략을 고려하라.

10

다수의 힘과
설득

양과 질의 문제는 설득에서도 예외가 아니다. 우리는 설득을 효과적으로 하려면 최적의 시간과 공간에서 설득대상자의 욕구를 정확히 파고드는 메시지를 구사해야 한다고 믿는다. 맞는 말이다. 하지만 때로는 질적인 내용과 그다지 관련이 없는 환경요인이 설득에서 큰 힘을 발휘하기도 한다. 그 중의 하나가 바로 '다수의 존재'이다.

다수의 존재가 개인행동에 영향을 미친다는 것은 1895년에 프랑스의 의사였던 르봉(Le Bon)의 '군중심리학'에 의해 이미 널리 알려졌다. 르봉은 프랑스 대혁명 때 왜 대중들이 과격한 행동을 했는지에 주목하였다. 사람들이 무리를 이루었을 때 소수가 과격한 행동을 하면 나머지 사람도 그러한 행동에 마치 전염이라도 된 듯 과격하게 변한다고 르봉은 주장했다. 르봉의 군중심리 기제[1]는 최근 연구에 의해 수정되기는 하였으나 다수의 존재의 중요성을 일깨운 역할을 했다.

개인의 행위가 단지 다른 사람의 존재 때문에 영향을 받는다는 최초의 실험연구가 있다.[2] 한 조건에서는 혼자서 낚시

---

1) 르봉은 군중행동이 나타나는 것은 '익명성', '전염성', 그리고 '암시' 때문이라고 보았다. 최근 연구는 이들 요인보다는 '집단의 규범'이 주요 요인임을 밝혔다.
2) Triplett, N. (1898). The dynamogenic factors in pacemaking and competition. American Journal of Psychology, 9, 507-533.

줄을 감게 했고 다른 조건에서는 여러 사람과 함께 낚시 줄을 감게 했다. 이 실험에서 두 조건 간의 유일한 차이점이라면 혼자인가 다수인가이다. 실험 결과는 혼자일 때에 비해 타인이 존재할 때 낚시 줄을 감는 속도가 더 빨랐다.[3]

'편승효과(bandwagon effect)'[4]란 말을 자주 사용한다. 이는 어떤 합리적인 근거에 상관없이 다수의 행동을 추종하는 것이다. 개인의 신념과는 관계없이 많은 사람들이 단지 그렇게 행동하기 때문에 자신도 '자발적으로' 따라하는 현상이다. 우리는 어떤 제품을 주위의 많은 사람들이 사용하거나 유행하기 때문에 그것을 구입한다. 인간은 사회적 동물이다. 집단을 이루고 다른 사람들과의 상호작용 속에서 살아간다. 개인의 판단이나 행위는 순수하게 개인적인 차원에서 이루어지는 것 같지만 실상은 타인의 영향에서 벗어나기란 쉽지 않다.

---

3) 이런 현상은 심지어 바퀴벌레에게도 일어났다. 트랙을 한 마리가 달릴 때에 비해 여러 마리가 함께 달릴 때 달리는 속도는 증가한다.
4) 축제 행렬의 맨 앞에서 악단을 태우고 가면서 군중이 따라오게 만드는 마차를 '밴드웨건'이라 한다. 1848년 미국 12대 대선후보였던 재커리 테일러(Zachary Taylor)는 밴드웨건에 서커스 광대들을 태우고 선거캠페인을 벌여서 늘 군중들을 몰고 다녔다. 결국 그는 당선되었고 여기서 밴드웨건 효과가 유래하였다. 정치영역에서의 편승효과는 주로 선거과정에서 나타난다. 유권자는 지지율이 높다고 알려진 후보에게 더 많은 관심을 두게 된다.

잘 모르면 따라한다

'동조'에 대한 가장 최초의 실험연구[5]에서 연구자는 실험참가자에게 통에 담긴 콩의 개수가 대략 얼마나 되는지 추정하도록 했다. 처음에는 혼자서 콩의 개수를 추정하도록 했고 다음에는 여럿이 집단으로 추정하도록 했다. 이후 다시 혼자서 콩의 개수를 추정하도록 하고 개인별 추정치의 변화를 살펴본 결과 최초 개인의 추정치는 집단의 추정치에 접근한다는 사실을 발견했다.

깜깜한 암실에 사람을 앉히고는 정면에 설치된 스크린에 한 점의 불빛을 비춘다. 그러고는 불빛이 움직이는 거리를 추정하도록 하는 실험을 하였다.[6] 인간의 안구는 한 순간도 정지해있지 않고 끊임없이 움직이기 때문에 고정된 불빛이더라도 움직이는 것으로 지각한다. 한 조건에서는 혼자서 불빛이 움직이는 거리를 추정하게 하였고, 다른 조건에서는 타인과 함께 불빛이 움직이는 거리를 추정하도록 하였다. 불빛이 움직인 거리에 대한 추정치의 편차를 계산했을 때 혼자서 추정한 것보다는 여럿이서 추정했을 때 편차가 훨씬 적었지만 혼

5) Jenness, A. (1932). The role of discussion in changing opinion regarding a matter of fact. The Journal of Abnormal and Social Psychology, 27, 279-296.

6) Sherif, M. (1935). A study of some social factors in perception. Archives of Psychology (Columbia University), 187, 60.

자서 불빛의 움직임을 추정했을 때는 추정치의 편차가 훨씬 컸다. 왜 이런 결과들이 나타날까? 위의 두 실험에서 핵심적인 요인은 '구체적인 판단 기준의 유무'이다. 암실에서 움직이는 불빛의 거리를 추정할 때는 명확한 기준을 알 수가 없다. 이때 개인은 타인과 함께 있게 되면 다른 사람의 판단이나 행동을 기준으로 삼는다. 여러 사람이 불빛의 움직임을 추정하면 각 개인의 추정치는 다른 사람들의 추정치 평균값으로 수렴한다. 하지만 혼자서 판단을 할 경우에는 아무런 기준이 없기 때문에 추정치의 편차가 더욱 크다. 콩의 개수를 추정하는 실험의 결과도 동일한 원리가 작용한다.

단순하지만 기발한 이 실험들은 객관적인 판단기준이 결여될 때 타인이 행위정보로 작용함을 보여준다. 처음으로 정통

[그림 10-1] 왜 소녀의 행동은 바뀌었을까?
우리에게는 타인의 행동을 따르는 경향이 있다.

출처: verywellmind.com

프랑스 식당에 갔을 때 또는 처음으로 오페라를 관람하러 갔을 때 가장 손쉬운 대처는 바로 '따라 하기'이다.

구매결정을 해야 하는데 구체적인 판단기준을 모르는 신제품의 경우나 판단할 기준이 모호한 경우에 가장 안전하고 간편한 결정 방법은 다수의 소비자가 무엇을 선택하는지 보는 것이다. "많은 사람이 선택했다." "가장 많이 판매되었다."는 메시지는 설득에서 큰 힘을 발휘한다. 인터넷 쇼핑을 할 때에도 생소한 회사나 브랜드의 제품이더라도 많은 사람들이 긍정적인 후기를 남겼다면 망설임은 훨씬 감소한다. 길에서 물건을 파는 영리한 상인이라면 이러한 원리를 누구보다 잘 활용한다. 실제 행인이 아닌 '바람잡이'를 고용하여 북적이게 하여 행인들의 구매를 자극한다. 백화점에 갔는데 사람들로 붐비는 판매코너를 외면하고 지나치기란 쉬운 일이 아니다. '구매자 ○○ 돌파', '많은 소비자가 선택하다'와 같은 메시지가 구매를 망설이는 소비자를 끌어들이는 힘을 발휘하는 것도 바로 이 때문이다. '다수의 선택'은 많은 사람들이 보증한다는 신뢰의 상징을 전달함으로써 대상에 대한 위험을 최소화하는 기능을 한다.

이처럼 판단의 기준이 모호할 때 다수를 따라 행동하면 상황을 해석하는 인지과정이 동원되기도 한다. 당신이 극장에 갔다고 하자. 영화를 관람 중인데 비상구에서 연기가 나는 것을 발견했다. 당신은 연기가 특수효과인지 아닌지 먼저 판단할 것이다. 특수효과가 아니라면 당신이 가장 먼저 하는 행동은 주위 사람들을 관찰하는 것이다. 다른 사람들이 아무런 반응을 보이지 않는다면 연기를 대수롭지 않은 것으로 해석한다. 하지만 사람들이 일어나기 시작하면 심각한 상황으로 받아들이고 당신도 곧장 자리에서 일어날 것이다.

판단기준이 분명해도 따라할까?

위에서 살펴본 실험은 개인의 판단기준이 구체적이지 않을 때 효과적인 대처는 타인을 따라하는 것임을 보여준다. 하지만 다수를 따라하는 행위가 그리 단순하지만은 않다. 지금까지 살펴본 '암실에서 불빛 추정'이나 '콩의 개수 세기'는 판단의 기준이 명확하지 않아서 구체적인 판단기준이 없을 때 따라하는 행위다. 그러나 판단의 기준이 명확할 때도 있다. 사람들은 자신의 판단 기준이 분명해도 다른 사람들에 동조할까?

심리학자 애쉬(Asch)[7][8]는 창의적인 실험을 하였다. 9명 내외로 구성된 실험 참가자들을 둥근 테이블에 앉히고 [그림 9-2]에 있는 선분이 그려진 보드를 약 3m의 가까운 거리에서 보여주었다. 가까운 거리에서 보기 때문에 참가자들이 선

7) Asch, S.E. (1951). Effects of group pressure on the modification and distortion of judgments. In H. Guetzkow (Ed.), Groups, leadership and men(pp. 177-190). Pittsburgh, PA:Carnegie Press.

8) Asch, S.E. (1956). Studies of independence and conformity. A minority of one against a unanimous majority. Psychological Monographs. 70 (9): 1-70.

분의 길이를 혼동할 가능성은 없다. 사실은 참가자들 중에 실제 실험참가자는 1명이며 나머지 참가자들은 모두 실험의 협조자였다. 이들은 연구자가 사전에 지시한대로 연기를 하였다. 실험과제는 보드의 왼쪽 선분과 같은 길이의 선분이 오른쪽 세 개 선분 중에서 어느 것과 같은지를 맞추는 것이다. 애쉬의 실험은 동조현상을 규명하기 위한 것이었기 때문에 실제 실험참가자는 마지막에 답을 하도록 했다.

당신은 [그림 10-2]의 왼쪽에 있는 선분과 길이가 같은 것은 오른쪽 세 개의 선분 중 어느 것이라고 생각하는가? 판단기준은 명확하다! 실험협조자들은 연구자의 사전 지시대로 한 사람씩 차례로 틀린 답을 말하기 시작했다(예컨대, 'B'). 그렇다면 실제 실험참가자는 어떤 답을 말했을까? 놀랍게도 실험참가자들의 약 77%는 틀린 답에 '동조'하였다! 더욱 흥미로운 것은 참가자 자신은 다른 참가자들의 답이 틀린 답인 줄 뻔히 알면서 동조하였다는 것이다. 한 가지 더 중요한 점은, 실

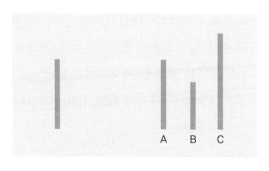

[그림 10-2] **왼쪽에 있는 선분과 길이가 같은 것은 A, B, C 중 어느 것인 가?**

[그림 10-3] 줄의 행렬이 길어질수록 점점 더 많은 사람이 몰린다

험협조자들은 실제 실험참가자와는 어떠한 압력 관계에도 있지 않았다는 것이다. 자신이 실험협조자와 다른 답을 말한다고 해서 어떠한 불이익을 받지 않음에도 불구하고 실험협조자들의 답을 따라 말한 것이다.

동조는 개인의 신념과 태도 그리고 행동을 집단의 규범에 맞추는 행위이다.[9] 집단의 규범이란 법이나 제도로 명시된 것이기보다는 사적인 집단사이에서 암묵적으로 공유되는 것이다. 사람들이 동조하게 하는 핵심적인 심리기제는 '집단으로부터의 수용과 인정'이다. 개인이 속한 집단으로부터 배척당하지 않고 같은 일원으로서 인정받으려는 동기이다. 집단으로부터 소외된다는 것은 곧 사회적인 처벌과도 같다. 판단기준의 유무와 상관없이 자기가 속한 집단(직장, 학교, 지역모

9) Cialdini, R. B., & Goldstein, N. J. (2004). Social influence compliance and conformity. Annual Review of Psychology, 55

임 또는 익명의 비자발적으로 형성된 모임도 포함된다)의 규범을
따라 배척당하지 않고 수용되려는 욕구에서 다수를 따라하는
것이다. 이 경우에 다수의 판단의 맞고 틀림은 그다지 문제되
지 않는다.

에머리 대학의 일단의 연구자들[10]은 기능성 자기공명영상
(fMRI)[11]을 사용하여 동조의 뇌 신경생리 기반을 밝히려는 시
도를 하였다. 이들은 애쉬의 동조 실험 패러다임을 그대로 적
용하여 동조를 할 때와 동조를 하지 않을 때 뇌에서 신경학적
으로 어떤 차이가 있는지 관찰하였다. 결과는 어땠을까? 답
이 틀린 것을 알면서도 동조를 할 때는 실제 뇌에서도 상응하
는 변화가 일어나 뇌의 '지각 회로(perceptual circuit)'가 활성
화됐다. 지각 회로가 활성화되었다는 것은 세상을 보는 방식
이 영향을 받는다는 것을 의미한다. 한편, 동조하기를 거부
하였을 때는 공포와 같은 정서를 담당하는 뇌 부위인 편도체
(amygdala)가 활성화되었다. 동조를 하지 않음으로써 집단으
로부터 소외된다는 것은 곧 사회적인 처벌을 받는 것과 유사
한 효과를 유발한다는 것이 신경생리학적으로도 타당함이 밝

---

10) G.S. Berns, J. Chappelow, C.F. Zink, G. Pagnoni, M.E. Martin-Skurski,
   & J. Richards(2005). Neurobiological correlates of social conformity and
   independence during mental rotation. Biol. Psychiatry, 58, 245–253

11) 기능성자기공명영상(Functional magnetic resonance imaging: fMRI)은 뇌 혈류와
   관련된 변화를 감지하여 뇌 활동을 측정하는 기술이다. 뇌 혈류와 신경 세포의 활
   성화가 연관되어 있다는 사실, 즉 뇌 영역이 사용되면 그 영역으로 가는 혈류의 양
   도 증가한다는 사실에 기초한다.

혀진 것이다.

집단의 구성원이 잘 아는 사람이거나 중요한 사람이어서 집단압력이 강하면 그렇지 않은 경우에 비해 동조현상은 더 잘 나타난다. 한때 N사의 겨울 점퍼는 국민교복이라 불릴 정도로 청소년 사이에서 대유행하였다. 청소년은 자기정체를 확인하는 시기이자 또래의 압력이 강한 시기이기 때문에 특히 이들 사이에서 급속도로 유행했다.

한 연구에서는 '애쉬'의 실험방법을 그대로 적용하여 미국과 일본인을 대상으로 문화에 따라 동조현상에서 차이가 있는지 비교하였다. 흥미롭게도, 미국인에 비해 일본인의 경우 실험집단을 모르는 사람들로 구성했을 때와 아는 사람들로 구성했을 때 동조하는 비율의 차이는 더 크게 나타났다. 일본과 같은 집단주의 문화에서는 친구나 동료 또는 가까운 이웃과 같이 정서적인 유대를 가지는 집단은 동조압력에서도 개인주의 문화에 비해 더욱 큰 힘을 발휘한다.[12]

우리나라도 집단주의 성격이 강하다는 점에서 예외는 아니다. 집단주의에서는 집단으로부터의 수용이 무엇보다 중요하다.[13] 과거 김치냉장고의 보급이 확산일로에 있을 때 어떤 김치냉장고 기업은 동조를 효과적으로 활용한 광고를 집행하였

---

12) Han, G., & Park, B. (1995). Children's choice in conflict: Application of the theory of individualism-collectivism. Journal of Cross-Cultural Psychology, 26, 298-313.
13) 매슬로우(Maslow)는 5단계의 욕구위계론을 제시했다. 가장 하위욕구인 생존의 욕구에서 시작하여 안전욕구, 소속, 사랑욕구, 자존욕구 그리고 자아실현욕구를 최

다. 이웃의 주부들이 고급스러운 부엌에 모여 앉아있다. 김치
냉장고에서 맛깔스러운 김치를 꺼내면서 아직도 김치냉장고
를 마련하지 않았느냐는 듯 한명의 주부를 흘긋 바라보는 장
면을 연출하였다. 구매기준이 명확한 친숙한 대상이나 제품
이더라도 동조압력은 여전히 설득효과를 발휘한다.

유사성, 호감, 설득

집단으로부터의 소외감은 만약 그 집단이 우리와 유사한
사람들로 구성된다면 더욱 강하다. 애쉬의 동조실험을 우리
나라에서 실시한다면 익명의 사람보다는 친구나 또래로 집단
을 구성하면 동조현상이 더욱 강할 것이다.

스탠포드대학의 'Virtual Human Interaction Lab'의 연구자
들은 자신과 유사한 사람이 미치는 영향을 밝히는 흥미로운
연구를 진행하였다.[14] 이 연구는 이미 심리학에서는 오래 전
에 규명된 '유사성 효과(similarity effect)'[15]를 전제로 한 것이
다. 아바타 또는 우리 자신을 디지털로 재현한 가상의 유사

상위 욕구로 보았다. 하지만 이 위계를 집단주의 문화에 적용하면 위계가 다르게
나타난다. 동양에서는 자아욕구보다 사회욕구인 소속욕구가 더 상위욕구로 나타나
기도 한다.

14) Aymerich-Franch, L., Kizilcec, R. F., & Bailenson, J. N. (2014). The
relationship between virtual self similarity and social anxiety. Frontiers in Human
Neuroscience, 8, (944).

인물이 전하는 메시지가 개인의 의사결정과 행동에 어떤 영
향을 미치는지 알아보기로 하였다. 연구자 중의 한 명은 디지
털 복제인물의 설득효과에 대해 연구하고 있었다. 그는 어떤
사람의 디지털 복제인물을 만든 다음에 복제 대상이었던 사
람에게는 그가 이전에 한 번도 한 적이 없었던 행동을 복제인
물이 실행하는 비디오를 보게 하였다. 결과는 고무적이었다.
대조집단과 비교했을 때 자신과 닮은 복제인물의 비디오를
본 사람들은 그가 이전에는 행한 적이 없는 새로운 행동을 더
많이 따라하였다!

[그림 10-4] **가상인물을 이용한 실험장면**

출처: vhil.standford.edu

---

15) 자신과 유사할수록 상대에 대한 호감도가 증가하는 효과. 유사성에는 외모, 신념
   이나 가치관이 포함된다. 우리나라의 경우는 지연, 학연 등이 유사성 지각에 작용
   한다.

자신과 유사한 신념을 가진 경우에는 상대의 어려운 부탁도 기꺼이 수락한다.[16] 연구자는 반전시위를 하고 있는 사람들에게 다가가 아픈 친구를 도와달라고 부탁했다.(물론 연구자는 일반 시민으로 접근하였다.) 연구자는 네 가지 조건을 만들어 도움을 청하였다. 한 가지 요인은 복장으로, 시위자들과 유사한 평범한 복장과 힙합복장의 두 가지, 다른 한 가지 요인은 참전찬성과 참전반대가 드러나는 두 가지 표시로 총 네 가지였다. 80명이었던 시위참가자 중 무려 79명이 자신들과 신념이 같은 조건 즉, 전쟁반대의 신념을 보일 때 도움을 주었다. 교통비를 주는 등의 금전적인 도움도 마다하지 않았다. 하지만 신념이 다를 경우에는 도움을 주는 비율이 뚝 떨어졌다. (이 연구에서 옷차림의 유사성은 도움행동에 거의 영향을 미치지 않았다.) 만약 당신이 누군가를 설득하려면 설득 메시지를 제시하기 전에 대상과의 유사점을 먼저 어필해야 한다.

유사성 → 호감 → 설득효과의 기제

우리는 호감이 가는 상대의 부탁을 더 잘 들어준다는 것을 경험적으로 알고 있다. 치알디니(Cialdini)[17]도 "사람들은 자신

---

16) Peter, S., Stephen, B., & Deanna, W.(1972). Helper-suffer similarity and a specific request for help: Bystander intervention during a peace demonstration. Journal of Applied Psychology, 2(1), 17-23.

이 호감을 갖는 타인에게 예라고 답할 확률이 높아진다"고 했다. 심리학의 '유사성 효과'에 관한 연구는 유사성이 호감을 일으키는 요소임을 보여준다. 유사성 인식－호감－설득의 연결고리가 작동한다. 그런데 우리는 왜 자신과 유사한 사람에게 호감을 가지게 될까? 이에 대해서는 네 가지 설명이 가능하다.[18]

◎ 첫째, 유사한 사람은 그렇지 않은 사람에 비해 자신을 정당화해줄 의견이나 세계관을 공유할 가능성이 높다. 유사한 사람과 상호작용함으로써 자신의 사회적 지지를 강화할 수 있다고 생각한다.

◎ 둘째, 다른 조건이 동일하다면 이질적인 사람보다는 유사한 사람이 자신을 받아들일 가능성이 높다고 기대한다. 취미나 어떤 이슈에 대해 유사한 의견을 가지는 사람에 대해서는 호감을 갖지만, 자신을 배척할 수도 있다고 기대하는 사람에게는 호감을 가지지 않는다는 실증 연구들은 많다.

17) Cialdini, R. B. (2001). Influence: Science and practice (4th ed.). Boston: Allyn & Bacon.

18) 1. Berscheid, E., & Reis, H. T. (1998). Interpersonal attraction and close relationships. In S. Fiske, D. Gilbert, G. Lindzey, & E. Aronson (Eds.), Handbook of social psychology (2), 193-281. New York: Random House.

◎ 셋째, 유사한 사람과 어울리는 것이 유사하지 않은 사람
  과 어울리는 것보다 정서적으로 더 즐겁다고 생각한다.
  관심사나 취미도 공유하는 점이 많기 때문이다.

◎ 넷째, 함께할 기회도 한 몫 한다. 가치관이나 취미, 의견
  따위는 행동에도 영향을 미친다. 축구를 좋아하면 축구
  경기장에 갈 확률이 높아진다. 따라서 유사한 사람들이
  서로 함께할 가능성이 증가한다.

  광고의 예를 보자. 제품에 대해 긍정적인 이미지를 형성하
는 것은 광고의 중요한 역할이다. 하지만 대중이 구매를 추종
하게 하는 것도 광고의 역할이라 할 수 있다. 구매동조를 유
발하는 측면에서는 소비자와 유사한 일반인 모델이 오히려
효과적이다.

  2004년에 유니레버(Unilever)사는 도브(Dove)를 위한 '진정
한 아름다움(real beauty)'이라는 마케팅 캠페인을 대대적으로
집행했다. 여성이 나이가 들면서 겪는 신체변화는 자연스러
운 과정이며 그 자체가 진정한 아름다움이니 자신을 사랑하
라는 메시지를 이 캠페인은 전달하고자 했다. 광고에는 흔히
뷰티광고에서 보는 미모의 유명인은 단 한 명도 등장하지 않
았다. 길에서 부딪히는 평범한 여인들의 꾸미지 않은 모습 그
대로의 모델들만 등장하였다. 심지어 주름 가득한 노년의 모
델도 있었다. 이 캠페인은 소비자들 사이에서 많은 호감을 얻

[그림 10-5] **평범한 소비자가 등장하는 도브 '리얼뷰티' 캠페인 광고**
출처: effie.org

었고 판매도 성공적으로 신장했다.

동조효과는 소셜 네트워크에서도 예외가 아니다. '좋아요' 클릭 수가 많을수록 당신도 '좋아요'를 클릭할 확률은 커진다. '구매' 클릭 수가 많은 상품은 당신도 구매할 확률이 분명 증가한다. 어떤 의견에 대한 '포스팅' 빈도 자체가 동조를 유발하기도 한다. 포스팅 빈도는 다수의 트렌드를 반영하는 것으로 인식된다.[19]

소수의 설득파워[20]

동조는 잘 알지 못하는 다수나 개인이 속해있는 집단의 성

---

19) Wang, Yu, & Wei (2012). Social media peer communication and impacts on purchase intentions: A consumer socialization framework. Journal of Interactive Marketing 26(4), 198-208

원에 의해서 일어난다. 하지만 어떤 경우에는 자신이 성원으로 있지 않은 소수 사람을 따르는 행동이 일어나기도 한다. 학자들은 때로는 사람들이 자신의 지향점을 자기가 성원으로 속하지 않은 소수의 사람들에게도 둔다는 사실을 발견하고 이들을 준거집단(reference group)이라 부른다. 사람들은 자신이 성원으로 속한 집단에 의해서 주로 영향을 받는다고 여겼기 때문에 준거집단은 관심을 받기에 충분했다. 1942년에 하이먼(Herbert Hyman)이 그의 연구에서 준거집단이라는 용어를 사용한 이후로 이 개념은 여러 학자들에 의해 더욱 정교화되었다.

켈리(Kelley)[21]는 준거집단을 두 가지로 구분하였다. '비교 준거집단'은 자신에 대한 평가를 비교하기 위해 작용하는 기준으로 주로 유명인이나 영웅적 인물(예, 나이키 광고의 '마이클 조던') 등이 해당되며, '규범 준거집단'은 개인의 규범, 태도 그리고 가치의 원천으로 사용하는 것으로 부모나 선생, 선배나 또래 등이 해당된다.

설득 커뮤니케이션 실무자들이 준거집단의 영향에 관심을 기울이는 것은 당연하다. 여러 연구들은 신제품의 수용이나

---

20) 이 부분은 우석봉(2017). 광고효과의 심리학. 학지사의 일부 내용을 발췌, 인용하였다.

21) Kelley Harold, H. (1947). Two functions of reference groups. In readings in social psychology, eds, Guy E. Swanson, Theodore M. Newcomb, & E. L. Hartley. NewYork: Holt, Reinhart & Winston, 410-414.

유행의 추종 그리고 사회 관계망을 통한 메시지 수용 등에서
준거집단이 다른 집단에 비해 더 큰 영향을 미친다는 것을 밝
혔다. 제품과 브랜드의 구매를 결정할 때 준거집단이 어떤 영
향을 미치는지를 규명한 연구[22]에 의하면, 필수품에 비해 사
치품일 때 그리고 사적으로 소비되는 제품에 비해 다른 사람
들에게 소비가 노출되는 제품일 때 준거집단의 영향은 더욱
큰 것으로 나타났다. 다른 관련 연구에서도 명품브랜드를 구
매할 때 준거집단의 영향이 성별에 따라 차이가 나는지 살펴
보았는데 남성에 비해 여성이 준거집단의 영향을 더 많이 받
는 것으로 나타났다. 특히, 인지적인 욕구보다는 정서적 욕구
가 수반되는 과시소비일 때는 준거집단의 규범에 동조하려는
경향이 더욱 강하게 나타난다. [23]

문화차이가 있는 아프리카 대학생을 대상으로 한 연구에서
도 유사한 결과가 나타났다. [24] 이 연구에서는 공적인 사치품
과 필수품 그리고 사적인 사치품과 필수품에 대해 준거집단
에 대한 동조가 어떤 유형의 제품에서 더 많이 일어나는지를
살펴보았다. 그 결과 사치품이냐 필수품이냐에 관계없이 사

22) William O. Bearden, & Michael J. Etzel (1982). Reference group influence on product and brand purchase decisions. Journal of Consumer Research, 9(2), 183-194.

23) Grimm, P. E., Agrawal, J. & Paul S. R., (1999). Product conspicuousness and buying motives as determinants of reference group influences, European advances in consumer research 4, 97-103.

24) Makgosa, R. (2010). The influence of vicarious role models on purchase intentions of Botswana teenagers. Young Consumers, 11 (4), 307-319.

적인 제품에 비해 공적인 제품(제품 사용이 타인에게 드러나는)
에서 동조효과가 더 컸다.

　준거집단은 단지 외현적인 동조에 그치는 것이 아니라 개
인의 신념과 태도를 변화시키는 힘을 발휘하기 때문에 설득
전략가들이 관심을 기울이는 것은 당연하다. 그렇다면 준거
집단이 영향을 발휘하는 기제는 무엇일까? 대부분의 사람들
은 자신의 준거집단을 가진다. 준거집단은 개인의 관심영역
에 따라 다르기도 하다. 어떤 사람은 패션에 관한 준거집단과
부의 축적에 관한 준거집단을 각각 가질 수 있다. 하지만 준
거집단이 무엇이든 영향 기제는 동일하다. 개인은 준거집단
의 규범을 자기 것으로 받아들인다. 그리고 그 과정을 통해
주위 사람들로부터 수용과 인정을 받는다. 규범의 '내재화'와
타인으로부터의 '인정'이 준거집단이 영향을 발휘하는 작동기
제이다. 준거집단의 영향이 설득 전략에서 의미하는 점은 다
음과 같다.

- 준거집단은 '정보의 원천'이다. 정보제공형 메시지의 경
  우에는 준거집단으로 삼는 사람이 메시지를 제시하는 것
  이 효과적이다.
- 준거집단은 '지각(perception)'에 영향을 미친다. 지각은
  설득정보를 주관적으로 해석하는 행위이다. 준거집단이
  설득 메시지에 어떻게 반응하는지를 표현함으로써 설득
  대상이 설득메시지를 해석하는데 직접적인 영향을 미칠

수 있다.

• 준거집단은 개인의 포부수준에 영향을 미친다. 교육이나
여행 또는 자산설계와 같이 미래의 포부와 관련된 제품
은 준거집단을 활용하면 효과적이다.

핵심과 적용

- 다수의 존재가 설득에 미치는 영향의 매커니즘을 숙지하자.
- 당신의 설득목표는 설득대상의 판단 기준이 명확할 때에 초점이 맞추어져 있는지 또는 판단의 기준이 명확하지 않을 때에 초점이 맞추어져 있는지 구분하고 설득전략을 수립하라.
- '유사성'의 구성 요인들에 대해 숙지하고 당신의 설득전략에서는 어떤 유사성 요인을 사용할 것인지 검토하라.
- '권위'는 어떤 경우에 효과적인지 숙지하고 어떤 유형의 권위를 적용할 것인지 고려하라.
- 준거집단은 설득목표에 따라 영향을 발휘한다. 당신의 설득목표를 달성하려면 준거집단을 사용하는 것이 효과적인지 고려하라. 어떤 경우에 준거집단을 활용하면 효과적인지 숙지하라.
- 사회관계망을 통해 설득을 고려한다면 어떤 형태가 동조를 이끌어내는 데 효과적인지 고려해야 한다.

찾아보기

설득: 어떻게 사람을 움직일 것인가
Persuasion: How to influence people

초판 1쇄 인쇄 2020년 7월 1일
초판 1쇄 발행 2020년 7월 5일

지은이 우석봉
발행인 김진환

발행처 (주)학지사
발행처 이너북스　　**주소** 서울특별시 마포구 양화로 15길 20 마인드월드빌딩
대표전화 02-330-5114　　**팩스** 02-324-2345
출판신고 2006년 11월 13일　제313-2006-000265호
홈페이지 http://www.hakjisa.co.kr

ISBN 978-89-92654-58-6　03320
정가 14,000원

출판 · 교육 · 미디어기업 학지사
간호보건의학출판 **학지사메디컬** www.hakjisamd.co.kr
심리검사연구소 **인싸이트** www.inpsyt.co.kr
학술논문서비스 **뉴논문** www.newnonmun.com
원격교육연수원 **카운피아** www.counpia.com